A.T. KEARNEY

A.T. カーニー 監修
パートナー 栗谷 仁 編著
PARTNER HITOSHI KURIYA

最強の業務改革

利益と競争力を確保し続ける
統合的改革モデル

東洋経済新報社

はじめに

　新興国の台頭により複雑化するグローバル競争、人口減少に伴う日本市場の縮小と労働力の減衰、情報通信分野を筆頭とした技術革新、地球環境問題への対応など、企業が置かれている経営環境の変化は目まぐるしく、舵取りがますます難しい時代になってきている。そして、このような経営環境の中で、企業が継続的に利益を創出し続け、競争力を確保するためには、企業のオペレーションを担っている業務そのものの見直し・改革が不可欠であることは言うまでもないだろう。

　しかしながら、問題は「業務改革」をどのように捉えるべきかである。市場自体が成長して、企業も安定的な成長が見込める時代、大きな環境変化がなく、現在の延長線上での経営が成り立つ時代であれば、「業務改革」は現状の提供価値とビジネスモデルを前提として、オペレーションを改善するだけで済んだであろう。また人員についても、大量採用をしても、成長に伴う必要労働力の増加によって人員が余剰にならずに済んだか、若干の余剰があっても、成長による利益増加で余剰分は賄うことができただろう。

　しかし、現在のような変化の時代では、現状のビジネスモデルの枠組みを前提とした、これまでのようなオペレーションの改善だけで業務改革が完結しないことは明らかである。顧客のニーズやターゲット顧客そのものが変化している中では、いくら現状のオペレーションを改善しても本質的な解決にはならない場合が多い。そもそもの提供価値やビジネスモデル自体を変革しなければ解がない場合も少なくない。また、人員のキャパシティーにしても、右肩上がりの成長を前提にバッファーを持ちながら人的リソースを確保していく時代は過ぎ去り、場合によっては、減少するかもしれない売上や、確保が困難となるかもしれない労働力を前提として人員キャパシティーを常に最適化していく視点が不可欠となっている。

このような背景のもと、本書では、「業務改革」とはビジネスモデル変革（M＝Model）、オペレーション改革（O＝Operation）、キャパシティー最適化（C＝Capacity）というMOCの3つの構成要素から成り立っていると定義し、改革の内容を論じている。激動の時代における「業務改革」の手引きとして活用いただけるものと考えている。

本書の構成はまず、業務改革の前提となる経営環境変化について第1章で説明した後に、第2章で前述のMOCからなる業務改革のフレームワークについて説明を行っている。そして特に概念的に捉えにくいビジネスモデル変革については第3章でビジネスモデルのパターン別に事例とそのポイントを紹介してビジネスモデルについての理解を深めるようにした。第4章以降では、日々の業務で活用できることを念頭に、特にオペレーション改革について、それぞれの分野別に視点や改革のアプローチを紹介している。本社間接業務改革、調達業務改革、生産業務改革、ロジスティクス業務改革、サービスオペレーション業務改革、営業業務改革、新製品開発・マーケティング業務改革、R&D業務改革など、企業の主要な機能分野をカバーして、効率化アプローチや付加価値創出のアプローチを紹介しているので、企業の様々な分野の方に活用いただけると考える。

また、特に効率化策についてはオペレーション改革の視点のみならずキャパシティー最適化の視点も入れて解説している。そして、分野によっては、内部業務の改革の視点だけではなく、その業務が生み出すアウトプットの改革まで踏み込んで記述してある。例えば、調達やロジスティクスなどはサプライヤーとの関係による調達コストの適正化やロジスティクスオペレーション全体の最適化などにまで踏み込んでいる。もちろん、スペースの制約もあり網羅的に全てを記述することは困難であるが、特に注意すべきポイントをハイライトして説明している。また効率化策についてだけでなく、いかに付加価値を高めるかという機能強化の視点もなるべく盛り込むように心がけた。

そして本書の最後には、付録として、「業務運営・組織機能の自己診断チェックシート」も掲載しているので、ぜひ読者の会社の状況をチェックシートをもとに自己診断していただければと思う。

激動の時代における「業務改革」の手引書として、経営者の方から各部門の担当者の方まで、業務に関わる全ての方々にご覧いただきたいと思う。日

本企業の競争力強化のためには、「業務改革」は避けて通れない。本書を通して日本企業の競争力強化・収益力強化に少しでもお役に立てれば大変幸甚である。

　2012年5月

栗谷　仁

最強の業務改革 ● 目次

はじめに … 1

第1章
経営環境・マクロトレンドからみた業務改革の必要性 … 13

§1 先進国と新興国が相乱れるグローバル化 … 14

§2 日本の人口減少 … 18
 「消費者」としての側面 … 19
 「労働力」としての側面 … 20

§3 情報通信分野を筆頭とした技術革新 … 21
 「1対N」から「N対N」へ … 21
 「リアル」と「ネット」の攻防 … 22
 「水平分業」か「垂直統合」かという二元論には要注意 … 23

§4 サステイナビリティ … 25

§5 では、どうすべきか? … 27

第2章
業務改革フレームワーク・考え方 … 29

§1 ビジネスモデル変革 … 31

ビジネスモデルとその代表的な類型 … 31
　　　市場に合わせて提供価値を発揮するビジネスモデル … 33
　　　プロダクト・テクノロジーの提供価値を高めるビジネスモデル … 36
　　　提供価値に加えて儲けの仕組みを考えたビジネスモデル … 37
　　　提供価値を拡大するビジネスモデル … 41
　　　提供価値に集中するビジネスモデル … 42
　　　ビジネスモデルを獲得するための手段 … 43
　　　ビジネスモデル改革対オペレーション改革 … 44

　§2　オペレーション改革 … 45
　　　業務の効率化の視点①──費用対効果 … 45
　　　業務の効率化の視点②──業務プロセスの効率化 … 48
　　　業務の効率化の視点③──組織効率化 … 51
　　　提供価値創出（強化の視点）… 53
　　　組織・機能の強化 … 53

　§3　キャパシティー最適化 … 54
　　　①見通しを立てる … 54
　　　②人員の持ち方を考える … 56
　　　③あるべき規模を規定する … 57
　　　④余剰人員の出口戦略を立てる … 57
　　　⑤仕組みを作る … 59

第3章

ビジネスモデル事例 … 61

　§1　セブン銀行 … 63

　§2　DeNA … 66

　§3　インテル … 68

　§4　日立物流 … 71

第4章

［オペレーション改革］
本社間接業務改革 … 75

§1 本社間接業務の構造 … 76

§2 業務改革の必要性と陥りがちな罠 … 78
 罠①／やりすぎ … 79
 罠②／属人化（ブラックボックス化）… 80
 罠③／業務の抱え込み（何でも内製）… 80
 罠④／丸投げ … 80
 罠⑤／過剰配置 … 81
 罠⑥組織の細分化・重層化 … 81

§3 業務効率化のアプローチ … 82
 成果物の見える化と再定義 … 83
 業務遂行状況の見える化と資源配分の最適化 … 83
 プロセスの見える化と効率化 … 84
 内外製の判断 … 85
 組織の大括り化 … 86

§4 外部を活用した更なる展開 … 87

§5 本社間接業務効率化事例 … 88

第 5 章

[オペレーション改革]
調達業務改革 … 91

§1 調達業務の構造 … 92
　　調達戦略の方向付けに関する業務 … 93
　　付加価値創造プロセスに関する業務 … 94
　　基盤整備に関する業務 … 95

§2 調達業務における検討視点と陥りがちな罠 … 96
　　ターゲットとなる効率化対象は調達コスト … 96
　　付加価値創造機能と定型業務処理機能 … 96
　　アウトソーシングの罠 … 97
　　バリューチェーン一気通貫の視点 … 98

§3 業務改革のアプローチ … 99

§4 調達業務の改革事例 … 103
　　事例①／グローバル調達組織・プロセスの構築 … 103
　　事例②／グループ横断的な調達基盤の立ち上げ支援 … 105

第 6 章

[オペレーション改革]
生産業務改革 … 107

§1 生産業務の構造 … 107
§2 生産業務改革の全体像と役割分担 … 109

現場レベル・スタッフ／与えられた枠組みの中での改善 … 110
スタッフ・ミドル／生産モデルの検討、部門を超えた連携・協業 … 110
経営レベル／価値の源泉・競争優位の追求 … 111

§3　低成長時代の生産業務改革 … 111

§4　生産業務改革の3つの視点 … 113

視点①／生産能力の柔軟性強化 … 113
事例／受注生産型企業の生産現場の事例 … 115
視点②／部門間連携の強化 … 116
事例／受注生産方式で製造を行っているメーカーの事例 … 118
視点③／自社生産キャパシティーの設計 … 119
事例／B to B型企業の事例 … 120

§5　生産モデルの選択とバリューチェーン改革 … 121

§6　付加価値領域の再考 … 124

第7章

[オペレーション改革]
ロジスティクス業務改革 … 127

§1　業務の全体像 … 128

調達物流（集荷）… 128
物流拠点運営 … 130
販売物流（配送）… 130
ネットワーク企画・設計 … 130

§2　業務改革の視点 … 131

個別物流機能の効率化 … 131
ロジスティクスネットワークの最適化 … 134
ロジスティクスの付加価値・収益源化 … 135

§3　業務改革のアプローチと事例 … 137

混載化による積載率向上 … 138
　　　事例／中国に委託生産しているメーカーの事例 … 139
　　　事例／金融機関における現金・メール便の共載化の事例 … 140
　　　コストと輸送品質のバランスの見直し … 140
　　　事例／消費財メーカーA社の過剰品質な物流の事例 … 140
　　　仕入先との交渉による物流費の適正化 … 141
　　　配送業務の付加価値・収益源化 … 142
　　　事例／食材宅配業者の事例 … 142
　　　流通加工を活用したローコストカントリーでの集中在庫保管 … 144
　　　事例／パソコン部品メーカー … 144
　　　国内物流拠点運営コストの削減 … 145
　　　事例／A社における首都圏物流拠点運営の事例 … 146
　　　付加価値化・収益源化を見越した庫内荷役業務の設計 … 146
　　　事例／通信販売業者の事例 … 147

第8章

［オペレーション改革］
サービスオペレーション業務改革 … 149

§1　サービスオペレーション業務の構造 … 149

§2　業務改革の必要性と陥りがちな罠 … 151
　　　罠①／目指すべきサービスレベルが不明確 … 152
　　　罠②／属人的なスキルに依存した運営 … 152
　　　罠③／形骸化したマニュアル … 153
　　　罠④／現場の勘に依存したリソース（人的資源）配分 … 153
　　　罠⑤／管理や間接業務に忙殺され本来業務に専念できない … 154

§3　改革のアプローチ … 154
　　　サービスレベルの具体的・定量的な目標を設定し全社で共有・管理 … 154
　　　業務量・稼働率・生産性の見える化 … 155
　　　ベストプラクティスの抽出と標準化 … 155
　　　業務の棚卸しと役割分担の再整理 … 156
　　　需要の抑制 … 156

アウトソーシングの活用 … 156

§4 サービスオペレーション業務改革の事例 … 157

事例／個人向けサービス業の店舗オペレーションの事例 … 157
事例／個人向けコールセンターの事例 … 158
事例／B to B カスタマーセンターの事例 … 161

第9章

［オペレーション改革］
B to B 営業業務改革 … 165

§1 営業活動の構造 … 166

§2 業務改革のアプローチ … 168

「営業の役割定義と活動の標準化」におけるアプローチ … 168
「営業活動の効率化」におけるアプローチ … 171
事例／営業間接業務圧縮の事例 … 172
「営業体制の構築」におけるアプローチ … 174
「営業活動のPDCAの仕組みの確立」におけるアプローチ … 176

第10章

［オペレーション改革］
製品開発とマーケティング業務改革 … 179

§1 業務プロセスと業務推進体制 … 179

§2 業務改革の必要性と陥りがちな罠 … 180

罠①／独りよがりの製品開発 … 182
　　　罠②／属人的な開発プロセス … 183
　　　罠③／形式的な標準化 … 183
　　　罠④／事前検討・計画不足 … 184
　　　罠⑤／部門間連携の不足 … 184
　　　罠⑥／各種ツール・データ未整備 … 184

§3　業務改革のアプローチ … 185
　　　費用対効果の検証 … 186
　　　標準化（プロセスの効率化）… 187
　　　プロジェクトマネジメント体制の整備 … 188
　　　人材育成・スキル醸成 … 190
　　　標準化と意思決定ツールの整備 … 191

§4　強化の視点 … 192

§5　業務効率化の事例 … 193

第11章

[オペレーション改革] R&D業務改革 … 195

§1　R&D業務の構造 … 196

§2　業務改革の必要性と陥りがちな罠 … 197
　　　罠①／適切な止める意思決定ができない … 199
　　　罠②／曖昧な事業構想・審査 … 199
　　　罠③／低付加価値業務 … 200
　　　罠④／研究開発部門の蛸壺化 … 200
　　　罠⑤／トップマネジメントの関与不足 … 200
　　　罠⑥／全体最適の視点欠如 … 200

§3　R&D業務効率化のアプローチ … 201
　　　事業構想の早期確認 … 201

止める意思決定の高度化 … 202
　　　R&D活動の見える化・標準化 … 203
　　　R&D推進体制の整備 … 203
　　　ポートフォリオ管理の徹底 … 204

§4　R&Dの生産性改善・機能強化に向けた取組み … 204

§5　R&D業務効率化の事例 … 206

付　録

業務運営・組織機能の自己診断チェックシート … 208

　　「業務運営・組織機能の自己診断チェックシート」とは … 208
　　「業務運営・組織機能の自己診断チェックシート」の構成 … 209
　　「業務運営・組織機能の自己診断チェックシート」の使い方 … 209

　結び … 219

　参考文献 … 221

カバーデザイン／竹内雄二
本文DTP／村上顕一

第1章

経営環境・マクロトレンドからみた業務改革の必要性

　企業活動にとって、継続的な「改善」努力は不可欠である。しかし、自社のビジネスの根幹を揺さぶるような変化が起こっているとき、小手先の「改善」をいくら続けても問題は本質的に解決しない。例えて言えば、船底に穴があいてどんどん水が入ってきているときに、甲板の清掃方法の洗練度を追求しても意味がないのと同じである。船底の話は理解にたやすいが、問題なのは、ビジネスの世界において、じわじわと進行する「大きな変化」というものは、その最中できちんと認識することが往々にして難しいことにある。あるいは認識できたとしても、その変化が自社のビジネスにどのような影響を与え得るか想像が及ばないことにある。
　「大きな変化」が進行する時代の業務改革は、目先の「改善」だけでは不十分である可能性が高い。言い換えれば、自社の置かれている経営環境において、必要なのは業務オペレーションの生産性向上・効率化なのか、あるいはそもそもビジネスモデルのあり方や、経営資源の張り方（人員キャパシティーの最適化）まで含めて変更する必要があるのか、折に触れて検証し続ける姿勢が必要になる。
　こういった思考を促進する材料として、本章では日本企業が直面している経営環境・マクロトレンドの変化を紹介していく。もちろん「自社にとって何が重要な変化なのか」は、細かく見ていけば自社が属する産業の事情、あるいは自社固有の事情によって異なってくるものだが、ここでは産業や個社の別によらず、日本企業が共通に留意しておくべき「大きな変化」を捉えていくことにする。

これらの「大きな変化」が、自社のビジネスにどのような影響を与え得るか、さらにはどのレベルでの業務改革が必要になりそうか、ぜひ「想像力」を働かせて読み進めていただきたい。

Section 1
先進国と新興国が相乱れるグローバル化

　企業活動におけるグローバル化が喧伝されるようになって久しい。しかし、日本企業が認識すべき「グローバル化」は、20世紀後半期と現在（およびこの先数十年）では質的に変容しつつあることには注意が必要だ。
　20世紀後半期においては、日本をはじめとする先進国の企業にとって、まだ北米、欧州、日本などの先進国だけを「市場」として捉え、グローバル化とはこれら先進国市場への参入を意味していた。この時期においては、中国をはじめとする新興国は、安価な労働力を調達するための生産拠点としてしか位置づけられておらず、今ではすっかり市民権を得たビジネス用語である「BRICs（＝経済発展が著しい新興国群：ブラジル、ロシア、インド、中国）」も、初めて世に登場するのは2001年まで待たねばならなかった。
　ところが現在、およびこの先数十年におけるグローバル化とは、もはや先進国市場をどう攻略するかという課題とイコールではない。端的に言えば、世界経済の需要と供給の両面における、先進国と新興国（およびその企業群）が相乱れる競争である。
　何が起こりつつあるのか。まずは需要サイドから見ていこう。**図表1-1**の風変わりな世界地図は、2000年と2015年における、一定以上の所得を有する各国の消費者数をその面積で表したものである。一見してわかるとおり、世界経済における各国の消費市場の大きさとそのバランスは、がらりと様相を変えている。
　2000年段階においては、中間所得以上（1万ドル以上）の消費者の大半は北

図表1-1 グローバル市場での消費者人口の分布

●2000年
（単位：百万人）

国・地域	中所得者	アッパーミドル所得者	高所得者
カナダ		84	
米国		70	82
英国			
アイルランド			
ベネルクス三国			
フランス			
ドイツ	40	21	9
スペイン			
イタリア			
北欧諸国			
東欧諸国			
ロシア			
トルコ			
イラン			
イスラエル			
中国	76		
韓国			
香港			
台湾			
タイ			
マレーシア			
シンガポール			
インド			
インドネシア			
フィリピン			
日本	56	36	18
メキシコ			
コロンビア			
ブラジル	23	5.5	4.3
チリ			
アルゼンチン			
北アフリカ			
南アフリカ			
オーストラリア			
ニュージーランド			

●2015年
（単位：百万人）

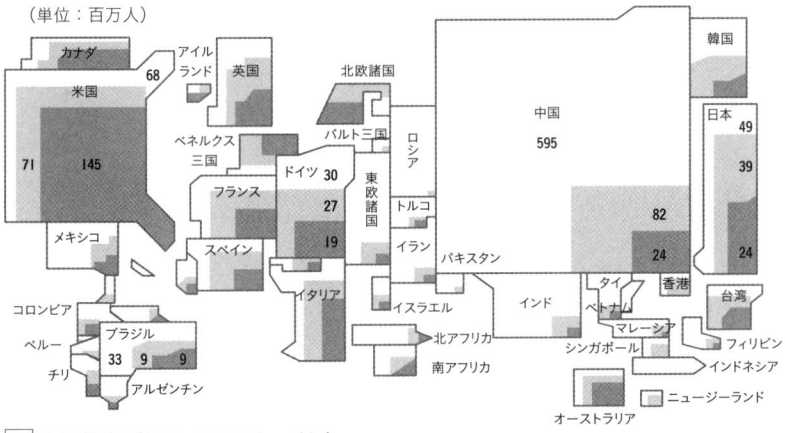

国・地域	中所得者	アッパーミドル所得者	高所得者
カナダ		68	
米国		71	145
アイルランド			
英国			
ベネルクス三国			
バルト三国			
フランス			
ドイツ	30	27	19
スペイン			
イタリア			
北欧諸国			
東欧諸国			
ロシア			
トルコ			
イラン			
パキスタン			
イスラエル			
中国	595	82	24
韓国			
日本	49	39	24
香港			
台湾			
タイ			
ベトナム			
マレーシア			
シンガポール			
インド			
インドネシア			
フィリピン			
メキシコ			
コロンビア			
ペルー			
ブラジル	33	9	9
チリ			
アルゼンチン			
北アフリカ			
南アフリカ			
オーストラリア			
ニュージーランド			

□ 中所得者（1万〜2.5万ドル／年）
■ アッパーミドル所得者（2.5万〜4万ドル／年）
■ 高所得者（4万ドル／年〜）

出所：世界銀行、EIU（エコノミスト・インテリジェンス・ユニット）、米国勢調査局、A.T.カーニー

米・欧州・日本といった先進国に集中していた。しかし、2015年時点（予測）においては、中国をはじめとする新興国群の消費者が圧倒的な存在感を示すことになりそうだ。中国だけをとっても、5億9,500万人の中間所得層の消費者、8,200万人のアッパーミドルの消費者、2,400万人の高所得層の消費者がいる。インドでは毎年3,000万人から4,000万人が中間所得層に仲間入りしている。新興国で激増する中間所得以上の消費者層の存在感によって、世界経済の消費市場の中心はシフトしていく可能性が高い。現代のグローバル化を考える際に想起すべき「市場」とは、もはや先進国だけでは不十分なことは言うまでもない。

続いて供給サイドを見てみよう。**図表1-2**は、米国のFortune誌が毎年発

図表1-2 Fortune Global 500における国別企業数

（単位：社）

国・地域		上位500以内の企業数		05→11年変化数
		2005年度	2011年度	
先進5カ国	アメリカ	176	133	▲43
	日本	81	68	▲13
	フランス	39	35	▲4
	ドイツ	37	34	▲3
	イギリス	36	31	▲5
	小計	369	301	▲68
新興8カ国	中国	16	61	+45
	インド	5	8	+3
	ブラジル	3	7	+4
	ロシア	3	7	+4
	メキシコ	2	3	+1
	シンガポール	1	2	+1
	マレーシア	1	1	+0
	タイ	1	1	+0
	小計	32	90	+58

出所：Fortune Global 500（2005年度、2011年度版）、A.T.カーニー

表している全世界の売上高上位企業500位をランキングした「Fortune Global 500」において、先進国企業と新興国企業の顔ぶれの変化を、2005年度時点、そして2011年度時点において比較したものである。

　足元2011年度時点における世界上位500位の内訳として、先進5ヵ国の企業が計301社、新興8ヵ国の企業が計90社と、その絶対数では引続き先進国企業のほうが多い。しかし、むしろ注目すべきは2005年度から2011年度にかけての増減である。新興国企業は計32社→90社へと58社増加している一方で、先進国企業は計369社→301社へと68社減少している。また、国別でみると、例えば中国企業は16社→61社へと45社増加している一方で、日本企業は81社→68社へと13社減少している。すなわち、世界経済の担い手たる主要企業の顔ぶれの中でも、新興国企業が存在感を増しているのだ。競争相手はもはや先進国企業ばかりではない。「世界的な大企業」を挙げよ、と言われて、にわかに思いつくのは先進国企業ばかりであろうが、この先その顔ぶれも変わっていくことだろう。

　以上で見てきたように、世界経済において、消費市場の中心は中所得層の成長著しい新興国へとシフトしつつあり、その担い手としての主要企業の顔ぶれも新興国企業の割合が徐々に増えている。様相を変えて進展しつつある「グローバル化」の中で、世界で躍進しようとする企業の活動もまた変化しつつある。かつてのように、調達、生産、販売という切り口だけから海外市場を捉えるのではなく、これらに加えて研究開発、製品やサービスの設計、ひいては経営における戦略策定、組織設計や人材調達・育成までをも含めて、海外市場の活用を視野に入れた改革が求められている。

　すべての日本企業が形式的にグローバル化を志向することに意味はないが、ご存じのとおり、日本の国内市場には人口減少に伴う縮小圧力がかかっていく。それを前提とすると、少なくともグローバル経済における消費市場の中心がシフトし、競争相手の顔ぶれが変わりつつあるという環境変化の中では、せめて自社のビジネスモデルがこれからも有効かどうかを検証し続けることが、すべての日本企業において不可欠なものとなろう。

予想されている（**図表1-3**）。

人口減少は企業活動にどのような影響を及ぼし得るのだろうか。これについては、「消費者」「労働力」という2つの側面から考えるべきである。

「消費者」としての側面

人口減少は、企業にとって需要の減退、すなわち国内市場の縮小要因となる。国内需要の成長が望めないとすると、コア事業でしっかり海外市場を開拓することは企業成長にとって重要な課題であろう。ただ、すべての産業・企業が海外進出できるわけではないし、海外に進出する企業も売上の何割かは国内で稼ぐことになる。すなわち、縮小するとはいえ、国内市場でどう戦うかは引続き重要な課題である。ここで注意すべきは、人口減少に伴い需要は容易に減少し得るが、対する企業数のほうはそうそう簡単には減らないということである。

「小さな池に多すぎる魚」では魚がダメになってしまうように、狭い市場に競争しあう企業が殺到している状況は、往々にして過当競争を引き起こす。過当競争の最もシンプルな形態には値引き合戦があるが、実は縮小市場における安易な値引きは危険である。同じ値引きにしても、工夫によってコスト構造を変更したうえで利益を確保できる値引きならまだしも、そのような工夫もないまま、競合各社が利益だけを削り、歯を食いしばって赤字に耐える値引き合戦に突入するケースは業界としての全体非最適のもとである。

行き過ぎた国内消耗戦は、本来であれば海外市場開拓や新規事業開拓に充当すべき経営資源を無駄使いする、あるいは現場の疲弊が商品・サービスの品質、業務の安全や法令遵守を阻害することにもなりかねない。値引き合戦ゆえ短期的には消費者には歓迎されそうだが、持続可能なかたちでなければ、ともすれば品質の棄損や事故などを招き、中長期的には信頼を失うことにもなりかねない。すなわち、過当競争は誰も得することのない悪循環に陥る可能性もあるのだ。国内需要の減少期には、改善レベルの努力のみならず、戦略レベルでの業務改革が必要になるのである。

「労働力」としての側面

　人口減少がもたらすもう1つの側面は、企業にとっての労働力の減少だ。
　有り余る人的資源をどう有効活用するかという人員の余剰対策に知恵を絞ってきた日本企業も少なくないだろうが、ここ数年〜将来にかけては、団塊世代が次々に退職し、人口減少によって新規採用の国内母集団は縮小していく時代へと突入する。にもかかわらず、新しい業務は増え続け、社内各部門からの「人が足りない」「追加人員をよこしてくれ」との悲鳴に人事部も頭を抱えるといったケースが増えることが予想される。既にこのような問題に頭を悩ませている企業も少なくないだろう。
　人口減少時代には、容易に増やせない人員数を前提に、業務量とのバランスをどう確保するかという、人員キャパシティーと業務の最適化が重要課題になる。ここでポイントになるのは、組織における業務量は、勝手に増えこそすれ自然体では減りはしないということだ。危険なのは、かつては意義があったものの環境変化に伴い陳腐化した業務が「根雪」のように残っているにもかかわらず、新しい業務が次から次へと積み重なる状況である。特に、大企業においては業務の全体像を把握することが難しくなるため、知らないうちに「根雪」業務が積み上がりやすい。例えば、定例業務として月次の調査レポートを作成して担当部署に送っていたが実は誰にも使われていなかった、あるいは、かつての繁忙期に大人数を張り込んだ部門で繁忙度が下がるにつれて暇になった人々が、部門最適な視点で次々と新しい業務を創り出していたなど、きちんと調べると、やっている当人たちですら「根雪」と気づかないような無駄な業務がごろごろ出てくるものだ。
　お気づきかと思うが、何が「根雪」業務かの判断は部門任せにしてはいけない。個別最適の視点からは意義があると思われる業務も、経営という全体最適の視点から見れば陳腐化しているケースも多いからだ。あくまでも、経営という全体最適の視点から考える必要がある。
　意義の低下した「根雪」業務が組織のあちこちに混ざり込んでいる状態を放置すると、みんな忙しく働けどなぜか成果が出ない、いわば「成果なき繁忙」という不幸な組織が出来上がる。このような状況に陥ることを避けるた

めにも、人口減少時代には、経営という全体最適視点からの「根雪」業務の特定と削減を行うことを通じて、業務効率化と人員キャパシティーの最適化を行うことが不可欠だ。意義の薄れた業務から従業員の稼働を解放し、解放した稼働を新たな重要業務に充当していくことで、無駄な人員増を抑えつつ成果の出やすい組織作りを進めるのである。

Section 3
情報通信分野を筆頭とした技術革新

　インターネットの登場以降、パソコン、携帯電話やスマートフォンといった対応端末、それを通じて利用できるウェブ上の様々な情報コンテンツとサービスは飛躍的な進歩と普及を続けている。情報通信分野を筆頭とした技術革新もまた、社会に大きな変化をもたらしている。

　電話・メール・SNS（ソーシャル・ネットワーク・サービス）で世界中の人々とリアルタイムにつながり合い、外出先でも地図や情報サイトにアクセスすれば知りたいことをすぐに調べることができ、スケジュール帳やアドレス帳のみならず、新聞も本も音楽もゲームもカメラもテレビもすべて手元の小さな端末で……と、昔の人々が「未来の世界はこんなふうだろう」と思い描いた未来像をはるかに凌駕するような現実が登場している。これらを可能にした技術革新は、人々の生活や仕事の仕方を変え、新しいビジネスモデルや産業構造の登場を促す一方で、これまで支配的であったビジネスモデルや産業構造の一部を陳腐化させることにもつながっている。いくつかの切り口から見ていこう。

「1対N」から「N対N」へ

　かつてはいわゆるマス（大衆）への情報発信を行おうとすると、テレビ・

新聞・ラジオといったマスメディアを通じて行うしかなかったが、現在は個人ですらインターネットを通じて世界中の人々に情報発信できるチャネルを手にした状態にある。すなわち、マスメディアという限られたチャネルから不特定多数にコミュニケートする構造「1対N」はその独占的地位を奪われ、すべての人々が不特定多数とコミュニケートし得る「N対N」の構造が出来上がっている。

この結果、何が起こっているか。例えば、広告主としての企業は従来ほどにはマスメディアに依存する必要がなくなったことに伴い、テレビのCM枠という有限の広告メディアは希少性を失い、テレビ局およびそのゲートキーパーとしての広告代理店のビジネスモデルはかつてのような利益を叩き出せなくなっている。また、口コミや価格比較のサイトを通じて消費者同士の情報交換機会が増えた結果、企業と消費者の情報ギャップは縮小し、企業として消費者の声とどう向き合うかがより問われる時代になっている。さらに言えば、大衆同士が結びつくことができる状況下では、いわゆる国家や企業による「情報統制」のようなものも成立しにくくなっていると言える。

情報の流れ方が「1対N」から「N対N」へと変化する状況下において、企業は、マーケティング、営業・プロモーション、そしてアフターセールスとしての顧客対応といった各側面から、消費者との関係構築のあり方を工夫していくことが必要となるだろう。

「リアル」と「ネット」の攻防

2000年代に入り、様々なモノや情報が電子化・デジタル化され、インターネットを通じたネットワーク化が急速に広がっている。銀塩フィルムはデジタルカメラへ、鉄道や飛行機のチケットはICカードやチケットレスへ、音楽CDはネット配信へ、銀行・証券・保険ではネット専業社が登場し、各種のネットショッピングも珍しいものではなくなった。足元では、書籍や新聞もデジタル情報としてのウェブ配信が始まり、推進派と反対派の衝突も起こっている。今後、様々な分野においてさらなる議論が巻き起こる可能性がある「リアル」と「ネット」の関係はどう考えればよいのだろうか。

推進派と反対派の衝突が起こるのは、「リアルからネットへの置換」によ

り、ネット側の新興勢力がリアル側の既得権益を侵食するケースである。書籍の場合は、アマゾンやアップルといった顧客基盤と配信プラットフォームを有する事業者が、主に印刷会社・書籍取次・書店の既存ビジネスを侵食することになるため衝突が起こる。このような視点で捉えると、「リアル」と「ネット」は、「リアル→ネット」方向に「代替」される関係に見えるが、実はそればかりでもない。

　例えば、アーティストの楽曲や演奏映像は、ウェブ配信によってその入手は圧倒的に容易になったが、あまりに容易に入手できることから、逆にライブで生（リアル）に触れる経験の価値は高まっているとの見方がある。それを踏まえ、「楽曲販売はプロモーションにすぎず、むしろライブで儲ける」という発想でアーティストマネジメントを行うビジネスも登場している。このケースは「ネット」時代を逆手に、むしろ「リアル」に着目する発想だ。

　あるいは、「リアル＋ネット補完」という発想もある。例えば学習塾業界では、通信教育やネットを活用したデジタル学習教材に強みを有する事業者が、従来型教育の事業者（リアルな教室でリアルな先生が教える）に対して次々と買収や提携を進めている。これは、通信教育やデジタル学習における先生と生徒という非対面の関係を、リアルな人間と人間のやりとりで補完することで、学習効果を高めようとする発想だ。

　要するに、「リアル」と「ネット」は「一方向」に「代替」される関係であると思い込んで、威力を失ったビジネスモデルに固執し、表面だけ改善するような発想から抜け出せないとすると、現状を本質的に打破するような打ち手は出てこないだろう。

「水平分業」か「垂直統合」かという二元論には要注意

　技術革新に関連して最後にもう1つ注目しておきたいのは、情報通信業や製造業における業界構造のあり方としての、水平分業か垂直統合かという議論である。

　1990年代以降のデジタル化／エレクトロニクス化技術の進展に伴い、パソコンをはじめとする情報機器業界においては、いわゆる水平分業化が進んだ。従来のアナログ技術では機器を構成する部品同士が専用品である場合が

多く、その加工の仕上がりや回路特性が性能に直接影響するため、企画・製造において部品同士のすり合わせを密接に行える垂直統合型の企業（グループ）が優位性を発揮していた。しかし、デジタル化に伴い、モジュール化された汎用部品の組合せが可能になると、各分野に特化した専業メーカーがその市場を独占・寡占し、それらを活用して商品・サービスが企画・製造される水平分業型の業界構造が支配的になった。

　さらに最近では、電気自動車の登場に伴い、自動車業界ですらも水平分業化の波から逃れられない、あるいは次代の製造業は水平分業型のビジネスモデルを指向すべきといった議論も見かけるが、単純な二元論には注意が必要だ。

　まず興味深いのはアップルがiPod、iPhone、iPadで仕掛けたビジネスモデルである。アップルはこれらの製品において、水平分業の覇者たちが手がける部品群やその製造機能を活用する（ちなみに核となるOS〔オペレーティングシステム〕は自社開発に拘っている）一方で、情報コンテンツや各種アプリケーションのプラットフォームであるiTunes Storeとの連動を前提に、ハードウェア、ソフトウェア、そしてサービス提供を含めて全体最適性を追求する垂直統合型のビジネスモデルを構築した。あるいは、水平分業の文脈において、携帯OS分野の覇者となったグーグル（同社の手がけるOS。アンドロイドは世界シェア1位）は、2011年のモトローラ・モビリティの買収によってハード提供にも乗り出す予定であり、これもまた垂直統合的なビジネスモデルと解釈できる。すなわち、ハードウェアにしても、ソフトウェアにしても、水平分業のビッグプレーヤーたちが、ハードウェアとソフトウェアを垂直統合しながら価値提供を行っていくような競争もまた起こりつつあるということだ。

　水平分業と垂直統合は、次代においてもゼロかイチかといった二元論で考えるべきではない。その限界や可能性に留意しながら、使い分けたり、組み合わせたりする視点からビジネスモデルを考えていくほうがよいだろう。

　以上で見てきたように、情報通信分野を筆頭にした技術革新の進展は、ビジネスモデルや産業構造において新旧勢力の衝突をもたらしている。この大きな変化の中で、一部の既存モデルは確実に陳腐化する可能性は否めない。しかし、建設的な衝突は新しい価値創造のエネルギーに成り得る。柔軟な発想でこれを捉え、新しいビジネスモデルやオペレーション構築のヒントとす

べきである。

Section 4
サステイナビリティ

　企業の競争がグローバルな規模でますます厳しくなっている以上、企業が意思決定を行うための価値基準として、これまで以上に経済性（エコノミクス）を重視せざるを得ないのは避けられない。しかし、その一方で、企業がそれぞれ自社のことだけを考えて経済性を最大化する行動をとり続けた場合、地球もろとも破綻してしまいかねないリスクもまた顕在化しつつある。いわゆる地球環境の「サステイナビリティ（持続可能性）」の議論である。

　「サステイナビリティ」とは何か。国連に設置されたブルントラント委員会が1987年に発表した「地球の環境を守るために（Our Common Future）」では、「持続可能な開発（sustainable development）」について、「将来世代のニーズを損なうことなく現在の世代のニーズを満たす開発」と定義している。

　21世紀を生きるすべての地球市民が「サステイナビリティ」を重要な課題として捉えなければならなくなった背景には、端的には2つの環境変化がある。1つは、世界規模で人口が増えていること。19世紀初頭には10億人程度しかいなかったといわれる世界人口は、この200年強の間に爆発的に増加している。国連の推計によれば、足元では70億人に到達、さらには21世紀末には100億人を突破すると見られている。もう1つは、世界規模で中所得以上の消費者が増えていること。これは本章冒頭の「グローバル化」の議論において見たとおりだ。「より豊かな生活」の実現は素晴らしいものだが、自然体でいくと、所得水準の増加に伴い、電気をはじめとするエネルギーを大量に消費し、ゴミを大量に廃棄する生活に突入するのは否めない。

　これら2つの環境変化の結果、地球において資源は減少し、人口と資源消費と廃棄物は増加するという状況が起こっている。このアンバランスを、地

球はどこまで許容し続けられるのか。地球というスペース、石油・石炭といった化石燃料は有限である。さらには、食料、水、森林、水産物といったもともと「再生可能」な資源においても、その再生力を上回るペースで消費すればなくなってしまうものである。

次代を生きる企業にとって、これまでと同じやり方のままでは、資源とスペースが有限な地球において無限の成長は不可能であることをきちんと認識することは不可避と言えよう。

「サステイナビリティ」という課題認識は今に始まったことではないが、近年では、2009年の米国オバマ政権によるグリーン・ニューディール政策、そして2011年の日本での東日本大震災とそれに伴う原発事故などを経て、エネルギー政策のあり方を中心に世界的な関心は高まっている。

「サステイナビリティ」に関して企業が直面するのは、「かくあるべき」という考え方と「経済性」のトレードオフである。企業にとっての「サステイナビリティ」への対応は、短期的には経済性を悪化させるコスト要因に見えたとしても、「サステイナビリティ」を無視した企業行動は、中長期的には市場からの支持・信頼を失い、むしろ企業利益を棄損するリスクがある。今後いかなるタイミングで、企業に「サステイナビリティ」を要請する市場の声が劇的に高まるかは誰にもわからない。しかし、地球環境の維持・改善は、遅々とはしているもののもはや揺るぎない時流であるうえ、感度のよい企業・消費者は既に動き始めている以上、責任あるすべての企業においてもはや無視できない課題と言ってよいだろう（あるいは、それが「他の企業がやるのなら」発想で臨むと、経済学が説く「囚人のジレンマ」にも似た全体非最適に陥る）。

「サステイナビリティ」に端を発するこれらの動きは、利益最大化を使命とする企業にとって、「脅威」なのか「機会」なのか。それは、各企業のものの見方次第でどちらにも成り得る。この動きをいつまでも「脅威」あるいはコスト要因としてしか捉えていない企業は、これを「機会」と捉えビジネスモデルやオペレーションを変えていく企業によって、知らないうちに足をすくわれてしまうだろう。「サステイナビリティ」に関する成長投資を惜しみなく実行できるよう、その投資原資を捻出するための手段としての業務改革は、次代を勝ち抜く企業にとってますます重要になろう。

Section 5

では、どうすべきか？

　以上述べてきた内容は、主だった環境変化の例にすぎない。いずれにせよ大きな環境変化の時代の中、既存の延長線上にある「改善」では歯が立たないレベルの変化に、知らないうちに巻き込まれる企業が相当数出てくると想定される。もし、そのレベルの変化に巻き込まれているとしたら、小さな視点からの業務改革をいくら重ねたとしても、時間とエネルギーの無駄である。労多くして実りなしという事態に陥りかねない。

　「大きな変化」がじわじわと進行する時代の業務改革は、目先の「改善」だけでは不十分な可能性が高い。言い換えれば、自社の置かれている環境において、必要なのは業務オペレーションの生産性向上・効率化なのか、あるいはそもそもビジネスモデルのあり方や、経営資源の張り方（人員キャパシティーの最適化）まで含めて変更する必要があるのか、折に触れて検証し続ける姿勢が必要になる。

　次章では、これらを統合的に推進する業務改革のフレームワークとしての「MOCモデル」を解説していこう。

第2章

業務改革フレームワーク・考え方

　前章でも述べたように、業務改革を考える場合、単に現状のオペレーション改革だけでなく、もっと大きな視点で改革を考える必要がある。具体的には、ビジネスモデル・オペレーション・キャパシティーの3つからの改革の視点が重要と言える（**図表2-1**）。ビジネスモデルはオペレーション業務を規定する出発点であり、オペレーション業務のキャパシティー（アウトプットの量）は人員規模によって規定される。

　この中でも、最も上流の概念でわかりにくいのがビジネスモデルの捉え方だろう。日常のビジネスの中でもビジネスモデルという言葉は頻繁に使われているが、はたしてビジネスモデルとは何であろうか。もちろん、様々な捉え方はあるが本書では、ビジネスモデルとは、「戦略の一部でありターゲット顧客・消費者に対する提供価値を創出するためのビジネスの仕組み・構造」と捉えてみたい。仕組み・構造が規定できれば、おのずと連動するオペレーション業務の内容が決まってくる。戦略とは「持続的な競争優位を築き利益を最大化し続ける方策」と考えられ、そのためには、ターゲットを決めターゲットに応じた提供価値を明確化し、それを具現化するプロダクト・サービスやビジネス構造（ビジネスモデル）が必要となる。

　このように、ビジネスモデルは戦略の重要な一部であり、逆にビジネスモデルを規定しなければオペレーション業務も規定できないし、キャパシティーの最適化も考えられない。業務全般の大きな変革を検討する場合には、まず、業務改革の出発点としてビジネスモデル改革の必要性を検討することが重要と言える。

図表2-1　業務改革のフレームワーク（MOC）

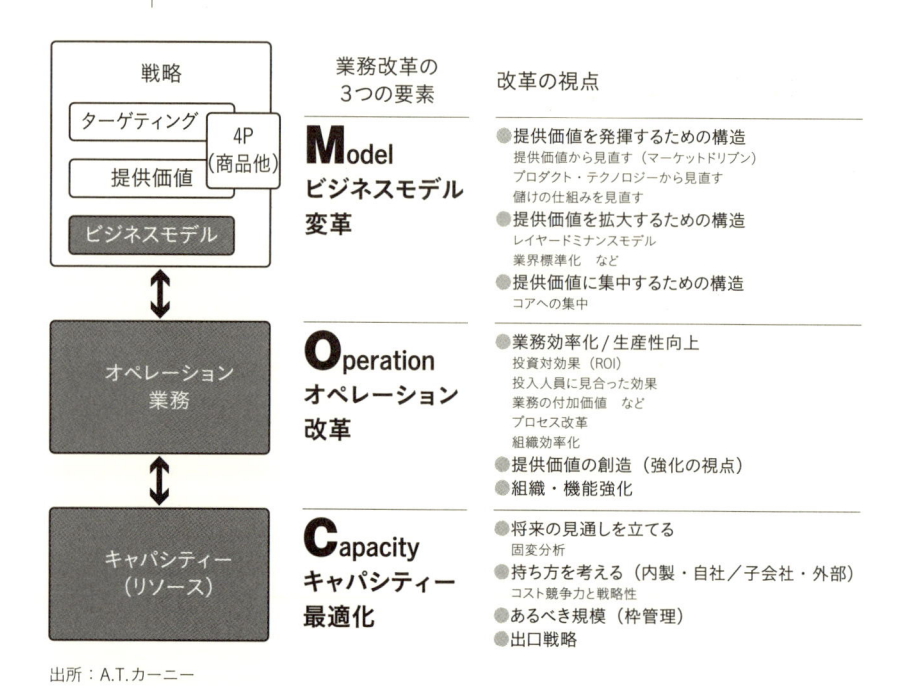

戦略
- ターゲティング
- 提供価値
- 4P（商品他）
- ビジネスモデル

↕

オペレーション業務

↕

キャパシティー（リソース）

業務改革の3つの要素

Model
ビジネスモデル変革

Operation
オペレーション改革

Capacity
キャパシティー最適化

改革の視点

- 提供価値を発揮するための構造
  - 提供価値から見直す（マーケットドリブン）
  - プロダクト・テクノロジーから見直す
  - 儲けの仕組みを見直す
- 提供価値を拡大するための構造
  - レイヤードミナンスモデル
  - 業界標準化　など
- 提供価値に集中するための構造
  - コアへの集中

- 業務効率化／生産性向上
  - 投資対効果（ROI）
  - 投入人員に見合った効果
  - 業務の付加価値　など
  - プロセス改革
  - 組織効率化
- 提供価値の創造（強化の視点）
- 組織・機能強化

- 将来の見通しを立てる
  - 固変分析
- 持ち方を考える（内製・自社／子会社・外部）
  - コスト競争力と戦略性
- あるべき規模（枠管理）
- 出口戦略

出所：A.T.カーニー

　また、業務改革の重要性を理解するためにも本章の冒頭で業務改革のインパクトについて説明しておきたい。**図表2-2**はA.T.カーニーの過去の実績だが、そのインパクトは大変大きいことがご理解いただけることだろう。A.T.カーニーが携わった近年の33事例を振り返ると業務オペレーション改革の場合、平均18%の人員の純減を達成している。大胆なリストラやアウトソースなどビジネスモデル変革まで行った場合には30%程度の効率化を達成しており、適切なアプローチさえとれば大きな改善インパクトが期待できることが理解できる。オペレーション改革にとどまらずビジネスモデルの変革まで踏み込めばその改革のインパクトは大変大きなものになろう。

図表2-2　A.T. カーニーの国内実績における「業務改革」のインパクト

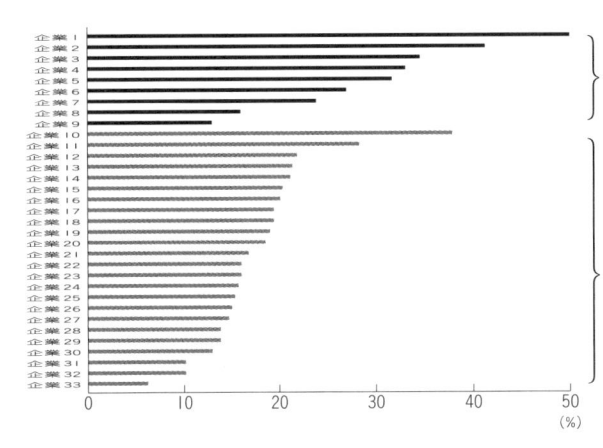

ビジネスモデル変革
事業構造改革まで
踏み込んだ場合、30%

大胆なリストラや
大幅なアウトソースを
実施したケース9社
平均30%

業務オペレーション
改善の場合、18%

通常ケース24社
平均18%

出所：A.T.カーニー

Section 1

ビジネスモデル変革

ビジネスモデルとその代表的な類型

　ビジネスモデルについても様々な捉え方があると思うが、本書では次のように捉えてみたい。すなわち、大きくは、企業が顧客に提供する価値（＝提供価値）に対応するための能力、提供価値（に対応する能力）を創出するための構造、能力を獲得するための手段の3つであると考える。例えば、ターゲッ

トとなる顧客層に求められる提供価値が経済メリット（低価格）であれば、当然それに対応する能力はローコストとなる。そして、ローコストを創出する構造が必要となり、その能力（提供価値の創出）は自社のみで実現するのか、M&Aや提携などの他力も必要となるのかを考えることが求められると言える。構造部分については、後で詳細に説明するが、単に提供価値を発揮するだけではなく、提供価値を拡大する構造や提供価値に集中するための構造も包含すると考える（**図表2-3**）。

　特にビジネスモデルの構造については、構造を決定するにあたり、大きくは、「提供価値を発揮する」「提供価値を拡大する」「提供価値に集中する」という3つのドライバーが存在すると考えられる。そして、このドライバー

図表2-3　ビジネスモデルの構成

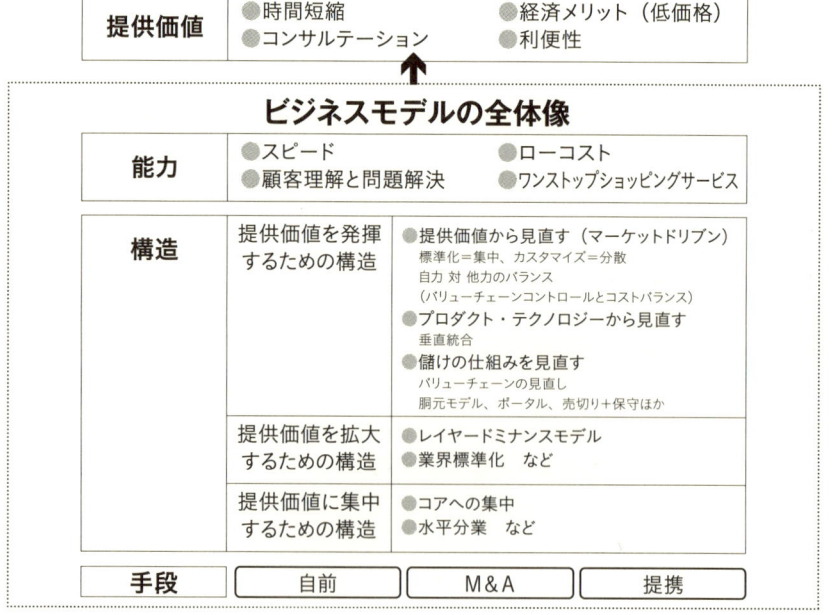

提供価値	●時間短縮　　　　　　●経済メリット（低価格） ●コンサルテーション　●利便性

ビジネスモデルの全体像

能力	●スピード　　　　　　　●ローコスト ●顧客理解と問題解決　　●ワンストップショッピングサービス	
構造	提供価値を発揮するための構造	●提供価値から見直す（マーケットドリブン） 　標準化＝集中、カスタマイズ＝分散 　自力 対 他力のバランス 　（バリューチェーンコントロールとコストバランス） ●プロダクト・テクノロジーから見直す 　垂直統合 ●儲けの仕組みを見直す 　バリューチェーンの見直し 　胴元モデル、ポータル、売切り＋保守ほか
	提供価値を拡大するための構造	●レイヤードミナンスモデル ●業界標準化　など
	提供価値に集中するための構造	●コアへの集中 ●水平分業　など

手段	自前	M&A	提携

出所：A.T.カーニー

図表2-4 ビジネスモデルの構造を決めるドライバー

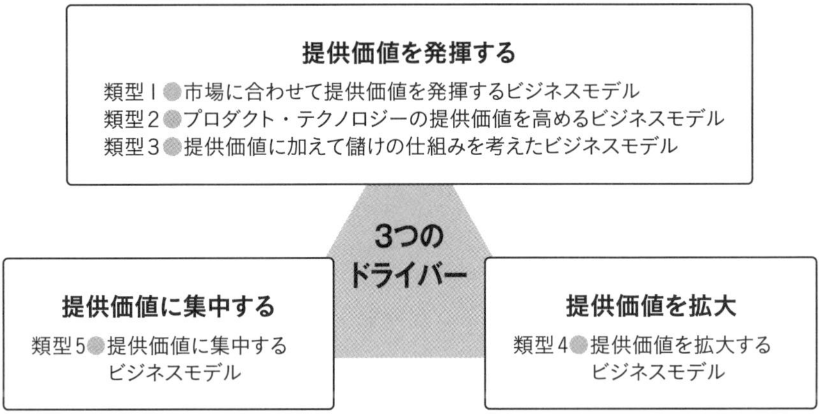

提供価値を発揮する
類型1●市場に合わせて提供価値を発揮するビジネスモデル
類型2●プロダクト・テクノロジーの提供価値を高めるビジネスモデル
類型3●提供価値に加えて儲けの仕組みを考えたビジネスモデル

3つのドライバー

提供価値に集中する
類型5●提供価値に集中するビジネスモデル

提供価値を拡大
類型4●提供価値を拡大するビジネスモデル

出所：A.T.カーニー

をベースに大きくビジネスモデルを類型化すれば、①市場に合わせて提供価値を発揮するビジネスモデル、②プロダクト・テクノロジーの提供価値を高めるビジネスモデル、③提供価値に加えて儲けの仕組みを考えたビジネスモデル、④提供価値を拡大するビジネスモデル、⑤提供価値に集中するビジネスモデル、の5つのモデルに類型化できると考える（**図表2-4**）。

市場に合わせて提供価値を発揮するビジネスモデル

　このビジネスモデルは、提供価値を最大限発揮する構造を作り上げて、提供価値により顧客を引きつけ収益拡大を狙うモデルである。それでは、まず前提となる提供価値について少し考えてみたい。提供価値とは、すなわちターゲットとなる顧客が求めているサービス・機能ということになる。マーケティング的に言えばアンメットニーズ（満たされないニーズ）への対応ということである。したがって、まずは何よりも顧客が充足していないニーズは何かを見極めることが重要であろう。そして、中でも「低価格」に対する提供価

値をどう考えるかが重要な要素となる。顧客のアンメットニーズを調査すると、多くの場合、価格に対するニーズは非常に大きな比重を占める。したがって、「低価格」対「価格以外のその他の提供価値」という構図の中であるべき提供価値とビジネスの構造を検討することが非常に重要となる。ここでは、便宜的に価格以外の提供価値を「その他の提供価値」と呼ぶことにする。

　低価格対その他の提供価値（その他の提供価値は価格以外で顧客が求めるサービス・機能の意味）の枠組みにおいては、低価格＝標準化、その他の提供価値＝カスタマイズ、という構図をまず考えてみる必要がある。低価格を実現するためには、個別顧客に対してテーラーメードでカスタマイズするのではなく、既成の標準化した商品・サービスを提供することが必要となる。低価格に対する提供価値が重視されればされるほど商品・サービスは標準化する必要が出てくる。ビジネスの構造論から捉えれば、代表的な例は集中と分散の議論である。標準化して中央集権的に商品・サービスを提供するためには集中型ビジネスモデルが求められ、個別顧客にカスタマイズして手厚い対応をするためには、集中ではなく、分散型が望ましい。例えば、チェーン量販店と百貨店がわかりやすい事例であろう。各店舗の人件費を厚めにとった接客などの手厚いサービスを重視しプレミアム商品を扱う百貨店と、各店舗での商品選定などの自由度を排除し、低価格で標準化したサービスを提供するチェーン量販店とが代表的なケースである。顧客の求める提供価値が、接客などの個別顧客への手厚いサービスへの比重が高ければ分散型モデルは成り立つが、時代が変遷して、接客よりも低価格への要求が強くなればチェーン店集中型のビジネスモデルのほうが優位になる。現在、百貨店業界が悩んでいるのもこの点である。百貨店らしさを保ちながらも、より集中的なビジネスモデルに転換して低価格も両立させていくことが必要となってくるだろう。

　また、低価格を実現するための構造は、標準化（＝集中）だけでなく、他力の活用なども重要な検討ポイントとなる。コストの重たい自社で全てに対応するのではなく、コストの軽い他社をうまく活用してビジネスモデルを構築する方法である。顧客のアンメットニーズへは自社対応を基本としつつ、その他の部分についてはうまく他社を活用して、提供価値を高めながらも軽いコスト構造を実現して低価格と価格以外の提供価値をうまく両立させていくのである。

例えば、メーカーが研究開発や商品企画は自社で行うものの、製造工程はEMSなどに外注するのはその典型例であろう。価格下落の激しいPCや家電などではこうしたモデルが一般化しつつある。

　ただし他力を活用するにしてもそのコントロールの度合いは様々である。例えば、近年のアパレル業界の動向を見てみよう。もともと、アパレル業界は多品種少量かつ流行があり売れ残りリスクが高い傾向にある。従来は企画・製造・卸・小売とそれぞれの段階で異なるプレーヤーが関与することで、そのリスクを分散していた。反面、各工程のマージンが嵩みがちでありコスト高になりやすい構造的な課題を抱える。一方、近年急成長しているインディテックス（ZARA）、H&M、ファーストリテイリング（ユニクロ）などは、企画・製造から販売まで一括して自社で管理している（こうした形態はSPA：Speciality store retailer of Private label Apparelと呼ばれている）。インディテックスは自社工場での製造が中心なのに対し、H&Mやファーストリテイリングの製造工程は契約工場への外注が中心だが、全量買取で売れ残りリスクを引き受けているうえ、品質面などでの指導も積極的に行っている。同じ他力活用でもより主体的にコントロールすることで、品質を保ちつつも製造原価の引下げと、タイムリーな発売のためのリードタイムの短期化を狙っている。製造から販売までのコントロールを高めて、自社の提供価値を高めつつも、他力活用を残してうまく低コスト化を図っているビジネスモデルと言える。ただしこのビジネスモデルが機能するためには、トレンドの読み、デザイン力、SCM全体の管理能力が不可欠である。

　また、低価格が最大の提供価値である場合も多く、その場合には低価格以外の提供価値はあきらめて、低価格の実現にビジネス構造をフォーカスすることが必要である。最近話題になってきている超低価格航空会社（LCC）などが好例であろう。一般的に認知されている機内サービスを大胆に割り切るだけでなく、就航路線や航路の選定まで低価格の実現に向けてビジネスモデルとして先鋭化し、フォーカスしたところがポイントだろう。その結果、想像以上に高い利益率を長期間にわたって維持できるケースもある。有名な事例ではサウスウエスト航空が挙げられるが、サウスウエスト航空においては設立後40年経った現在においても高い営業利益率を維持している。

　以上説明してきた、市場に合わせて提供価値を発揮するためのビジネスモ

デルは、必要な価値を提供し顧客を引きつけることが基本ではあるが、一方ではコストをいかに軽くするかが大きなポイントであり、提供価値とコストとのバランスの中でビジネスモデルのあり方が決まると言える。コストをかければかけるほど、様々なサービスは可能となるが、コスト増は利益の圧迫を意味しており、ビジネスとして儲からないか、価格に転嫁することにより高価格商品が売れずやはりビジネスとして成り立たないということになる。

ポイントは、顧客の望む提供価値はもちろんいくつかあるにせよ、コストとのバランスの中で成り立ち得る提供価値に絞り込み、コスト最小化を実現しつつ絞り込み研ぎ澄まされた提供価値で売上の確保を図ることにある。詳細は後述するが、例えばセブン銀行などが好事例であろう。店舗費用や人件費を最小化しつつ、入出金や残高照会機能などに絞り込み、低コストで手数料収入という小口収入ながら規模を稼いでビジネスモデルとして成り立たせている。このように、コストと（クリティカルマスが確保できる）提供価値のバランスを追求するのがこのビジネスモデルの大きな成功要件であろう。

プロダクト・テクノロジーの提供価値を高めるビジネスモデル

プロダクト自体の価値を高めて需要を創造する考え方もある。その際、重要なのはイノベーションのスピードであるが、そのための手段として「垂直統合」のビジネスモデルが挙げられる。垂直統合モデルでは、自社で完全に保有する場合だけでなく、有力なパートナーとのアライアンスといったオプションもある。ポイントは、原料やパーツといった前工程まで含めて技術的にコアとなる部分の自社でのコントロール度合いを高めることにある。

垂直統合の例としては、アップルが挙げられる。プロセッサー、OSといった商品のカギを握る部分について社内で作りこむことで先進的な商品を出すことに成功している。またアライアンスの例としては東レとユニクロが挙げられる。戦略的パートナーシップのもと、素材開発から製品供給まで一体化することで「ヒートテック」など先進的な商品開発に成功している。ユニクロにとっては差別化につながる新素材を独占的に活用できるし、東レにとっても単なる素材供給ではなく最終商品まで関与することで付加価値向上を図ることができる。

また、プロダクトの価値に欠かせないキーコンポーネントや原材料を安定供給するという視点からビジネスモデルとして垂直統合モデルをとる場合もある。例えば、有機野菜は安全・安心というイメージから消費者の支持が高いが、流通量が少ないため、外食産業が安定的に確保することが難しい。そのため、一部の外食業者は農業に進出し、有機野菜など質の高い食材を安定的に確保することで、差別化を図ろうとしている。
　このように垂直統合モデルは商品のイノベーションのスピードを加速させたり、安定供給を確保するためにとられるビジネスモデルと言える。特にイノベーションのスピードに関しては、部品やコアコンポーネントにおける技術革新をベースに商品自体の付加価値を高めたり、製品開発において部品やコアコンポーネントとの開発・生産における密な「すり合わせ」によって磨き上げられた製品を作り上げられたりと、バリューチェーンを統合することによってより付加価値を高められるというビジネスモデルである。
　多くの産業にとってはこのビジネスモデルは有効であるものの、例えばエレクトロニクスのように、デジタル化によってアナログの時代では有効であった「すり合わせ」が必要なくなり、誰もがコンポーネントさえあれば容易に組み立てられるようになってくると、垂直統合モデルの効果に疑問符がついてくる場合もあり得る。このような場合には全てを自社で持つよりも、部品やコアコンポーネントについては外部に依存し、コストを軽くしつつ、自社は設計、マーケティングとアセンブリーに特化した形をとるなどむしろ「水平分業モデル」が有効となってくるかもしれない。垂直統合は必ずしも常に正解ではなく、それぞれの業界において個社の置かれた事業環境を見て判断すべきである。

提供価値に加えて儲けの仕組みを考えたビジネスモデル

　既に提供価値を最大限発揮するモデルについては説明したが、単に提供価値を発揮して顧客を引きつけるだけではなく、もうひとひねり、儲けの仕組みを工夫するビジネスモデルを考えてみたい。
　儲けの仕組みについては、様々なパターンがあり得るが、わかりやすく儲けの仕組みを見つける方法としては、バリューチェーン上の価値創造部分を

図表2-5　バリューチェーン上でいかに付加価値のあるポジションをとるか

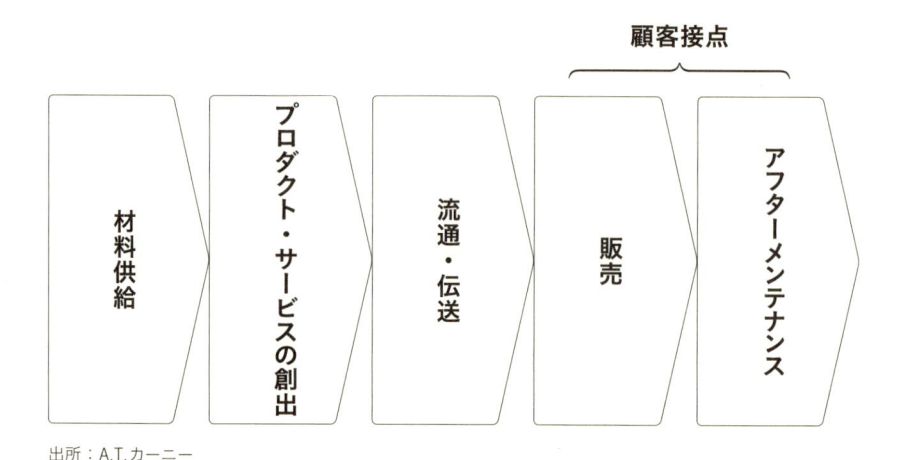

材料供給 → プロダクト・サービスの創出 → 流通・伝送 → 販売 → アフターメンテナンス

顧客接点：販売、アフターメンテナンス

出所：A.T.カーニー

押さえる方法がある。

　バリューチェーンは、材料供給、プロダクト・サービスの創出、流通・伝送、販売、アフターメンテナンス、という一連の流れで捉えることができる（**図表2-5**）。特に顧客接点になる販売とアフターメンテナンス部分については、ビジネス上重要な「顧客のニーズの吸い上げ」や「顧客の囲い込み」などが可能な部分であり、付加価値を高めやすい。ビジネスは顧客が中心である以上、これらの顧客接点部分を上手に取り込み儲けの仕組みを作ることを考えることが効果的なビジネスモデルを作るための出発点であろう。

1）顧客接点を捉えた「胴元モデル」

　胴元とは、多くのプレーヤーを束ねる元締めである。また、ビジネス上では顧客との接点となり関連する多くのプレーヤーに対して顧客の代理という立場から大きな交渉力を持ち得る、結果的に関連するプレーヤーの利益構造をコントロールすることができる立場とも言える。

　ゼネコンや広告代理店などが代表的な例であろう。ゼネコンであれば顧客

の総窓口として下請業者に対して価格要求ができる。下請業者からすれば、ゼネコンからの仕事がなくなれば立ち行かなくなるので要求を飲まざるを得ない。一方、ゼネコンの配下にいることにより一定量の仕事の受注が読めるのでビジネス上のメリットも大きい。

広告代理店の場合には、テレビ局のようなメディアに対してのバーゲニングパワー（交渉力）を持っているだけでなく、大手広告代理店となれば、テレビの媒体枠も押さえているので、顧客であるスポンサー企業に対しても大きな交渉力を持っており、高額の宣伝広告費の受注を実現している。

このように、顧客や下請業者のハブとして、そこを通さないとビジネスとして成り立たない状態を作ることにより、大きなバーゲニングパワーと価格コントロール力を持つのが胴元モデルである。

胴元モデルにおいて最も望ましいのが関連するプレーヤー、例えば、下請業者とのWIN-WINの関係の構築である。下請業者も一定量の仕事を受注でき稼働が担保でき、なおかつ価格も適度に保たれれば一定の利益を確保できる。このためには、胴元の規模が重要である。規模が大きければ、胴元の利益率が若干薄利であったとしても、利益額を確保することが可能となるからである。胴元の規模が小さければ、自分の利益を追求するために下請業者の価格を強く抑制するようになり、下請業者の利益が逼迫することも考えられる。大規模であればあるほど胴元の利益額は確保できるので、下請に対する対応もWIN-WINの関係が築きやすくなるだろう。このように中長期的にビジネスモデルを維持していくためには胴元モデルの場合には規模の確保・拡大は重要な成功要件である場合が多い。

2) 顧客接点で数を束ねる（マス顧客の囲い込み）

顧客を囲い込みプールし、いつでもダイレクトにその顧客にアクセスできる、または顧客からの取引が発生するような状況を作り出せればビジネスとして大きな価値を生み出すことができる。特にB to C（一般消費財）ビジネスにあてはまる状況で、顧客接点において、入り口（ポータル）を押さえ、マスを囲い込み、その集客力を武器に、さらなるビジネスに展開している事例も多い。例えば、インターネットのポータル（検索エンジン等）は代表例であろう。検索する、ニュース等のコンテンツを閲覧する等の入り口を用意し、その集

客力を使って、広告等で儲ける仕組みである。

　物理的なハードウェア端末をポータルとして捉えることもできる。例えば、iPhoneにおけるiTunesであり、kindleにおけるAmazonの関係がそれにあたる。Kindle Fireの販売価格は199ドルで、利益獲得という観点からは低価格すぎるかもしれない。しかし、そこまでして売りたいのは、端末を普及させ、マスを囲い込み、圧倒的な集客力を、端末というポータルを経由して次の商品につないでいくためである。iPhoneで言えば、音楽やアプリケーションや電子書籍、kindleに関しては書籍等が次の商品にあたる。

3）顧客接点で数を束ねる（小口顧客を集めてボリューム調達）

　数を束ねることにより調達でスケールメリットをとることも可能である。このビジネスモデルの例では、集合住宅居住者向けの通信料金割引サービスなどが挙げられるだろう。これは、小口の一般利用者を束ねて通信キャリアから法人割引を引き出して通信料の低減を実現するモデルである。同様のパターンで電気代もあり得る。小口の一般利用者を束ねて、電力会社と交渉して特別高圧の割引を得るというものである。いずれにしても小口を束ねることにより規模を増やしてディスカウントを獲得してその低価格を小口利用者に還元するというモデルである。通常は個別ばらばらのものを束ねることにより規模の価値を発揮している。

4）売切り＋保守メンテを押さえる

　商品を売り切るだけでなく、アフターメンテナンスで儲ける仕組みは古典的なビジネスモデルであるが、いつの時代でも成功するビジネスモデルのパターンと言えるのではないだろうか。B to C（一般消費財ビジネス）では、髭剃りと替え刃が代表例で言われるが、アフターメンテナンスが重要な、B to B（法人ビジネス）ではさらにこのモデルが多く、例えば、エレベーターなどの施設関連設備の機器納入とアフターメンテナンスは典型的な例であろう。金額が大きく、いつもコストで話題になるITも導入費用に加えて保守費がベンダーの儲けの源泉となっているのはよく知られていることであろう。バリューチェーン上では、販売だけでなくアフターメンテナンスのポジションをとることを目指してビジネスモデルを構築することがポイントである。アフタ

ーメンテナンスの可能性がある商品であれば、常にアフターまでをビジネス領域として捉えることが重要と言える。

　アフターでの定常的な収入を図ることが目的で、そのために初期導入の商品を販売するという発想でもよいだろう。アフターでの定常収入が十分期待できるのであれば、無料で商品を配りアフターで儲けるということもあり得る。B to Bの場合には、公正競争の観点からこのビジネスモデルは規制対象となっている場合が多いが、B to Cであれば十分成り立つモデルであろう。

　例えば、携帯ゲームやソーシャルゲームなどは無料で遊び始められるが、ゲームにはまったころには、時間が掛かる作業を短縮する商品や、有料でしか購入できないアイテム（ゲームの中の武器や道具、特殊なアバターなど）を、少額だがついつい購入させてしまうモデルである。

　また、一昔前の携帯電話の本体価格0円も、初期費用を抑え、購入しやすくすることで、その後のランニング（通信料）で儲けているのである。最近は本体価格を下げずに、分割して月々の通話料に追加して購入する方法も選べるようになったが、これさえも初期費用を抑え、ランニング費用に混ぜて、エントリーしやすい状況を維持していることには変わりないのである。

　以上説明したものは、儲けの仕組みの一部であり、その他にも様々な仕組みはあり得るので、読者の皆さんで整理していただければと思う。

提供価値を拡大するビジネスモデル

　次に提供価値を拡大するビジネスモデルとして「レイヤードミナンス」モデルを紹介したい。例えば、開発／設計・部品・組立・流通・販売といった一連のビジネスの流れ・階層の中で、縦割り的に垂直に統合するのではなく、水平分業を促進して特定の階層（レイヤー）を支配しようとするビジネスモデルである。階層（レイヤー）を支配することから、「レイヤードミナンスモデル」という言い方もできる。レイヤードミナンスモデルは、競合が入ってこないような高い参入障壁の構築とマーケットの拡大の両立を図ることが必要であり、その方策としては、デファクトスタンダード（業界標準）を狙うのが一般的であろう。

ビジネスモデルとしては、例えばパテントやキーデバイスなどの業界標準化が図れるコアコンポーネントを特定して、その部分に特化する構造である。PC業界のインテルなどが好事例である。パソコンの原材料・部品・組立・流通という流れの中で、部品の中でもキーコンポーネントとなるチップに特化し、その普及に焦点を当てたビジネス構造をとっている。普及するために、チップのインターフェースは標準化して公開し、部品を組み合わせるだけで、誰でもパソコンを製造できるように工夫した。一方、内部はブラックボックス化して、競合にはまねさせない構造としている。普及を促進することで搭載パソコンが増える、それらが増えれば規模の経済が働き、商品そのものが安価になっていく、そうするとさらに購入者が増える、といった好循環により、シェアを拡大していったのである。そして、このように、利用者の規模を拡大してデファクトスタンダード・標準仕様となれば、他社の参入も困難となり、自社の提供価値を拡大することが可能となる。

提供価値に集中するビジネスモデル

これは、付加価値のある機能に特化したビジネス構造をとるモデルである。例えば製造におけるEMS（Electronics Manufacturing Service）や製造だけでなく設計まで手がけるODM（Original Design Manufacturer）、物流における3PL、総務・人事・経理などのアウトソースサービス企業などである。従来は開発・製造・販売などの事業のバリューチェーンにおいて、一連の事業の一部と見なされていたものが、独立的な単独企業として活躍するモデルである。

すでに述べたように、エレクトロニクス産業におけるデジタル化の進展のように、事業環境の変化が、垂直統合ではなく水平分業モデルを加速すれば、このような機能集中モデルのマーケットはさらに広がると想定される。エレクトロニクスにおけるデジタル化のように、バリューチェーン間の「すり合わせ」の必要性が少なくなれば、メーカーも最も付加価値のある製品の開発・設計に特化してくるだろう。メーカーから見て付加価値が低い部品供給はOEM／ODMサプライヤーへ、組立はEMSへ、物流は3PLへ、シェアドサービスは外部アウトソース企業へと外部化を進めてコスト最小化を狙うこととなる。

機能特化型プレーヤーは専業化の強みを生かしてスキルを磨き、規模も大型化してコスト競争力を高めることにより、さらに受注を増やすといったビジネスモデルである。各メーカー側も自社で機能を保持するよりも外部に出すことにより、同様またはそれ以上の品質でコストが安くなれば自社の機能の外出しが増えるだろう。今後、このタイプの機能特化モデルの企業は増加すると推定される。

ビジネスモデルを獲得するための手段

　ビジネスモデルの類型について説明してきたが、その獲得の手段を検討することも重要である。検討のフレームワークとしては、「能力と顧客（接点）」という2つの軸で考えることが必要だろう。**図表2-6**に示すように、対象となる顧客も自社で確保し、自社単独で必要なサービス・機能を十分提供できるのであれば自社での推進となる。一方、顧客は自社でアクセスしているが、必要なサービス・機能を提供するためには自社のみでは不十分な場合も少な

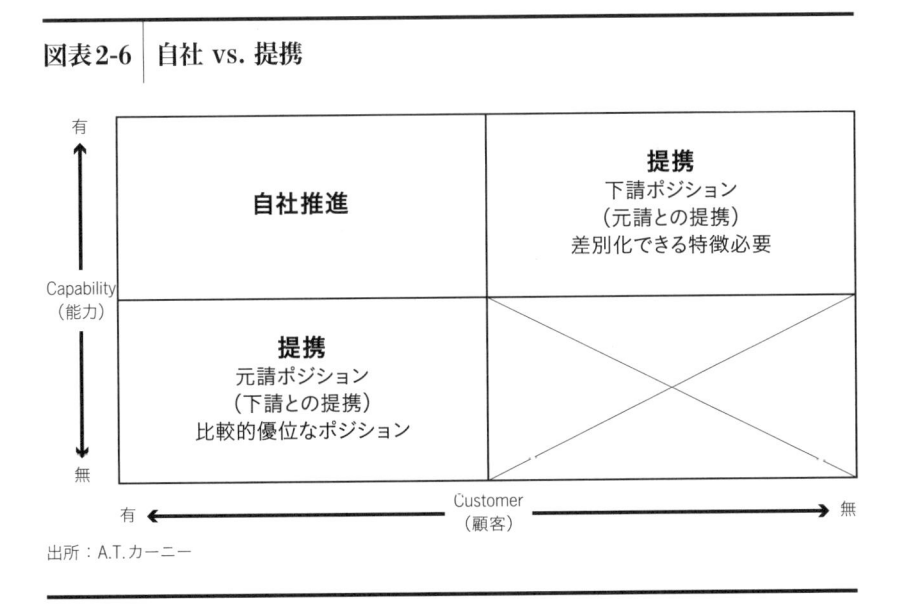

図表2-6　自社 vs. 提携

	Customer（顧客）有	Customer（顧客）無
Capability（能力）有	自社推進	提携 下請ポジション （元請との提携） 差別化できる特徴必要
Capability（能力）無	提携 元請ポジション （下請との提携） 比較的優位なポジション	—

出所：A.T.カーニー

くないだろう。そのような場合には下請的なプレーヤーと能力を補完するために提携をすることも必要となる。例えば、すでに述べたように、低価格を実現するために安いコスト構造のプレーヤーと提携するなどはこのポジションのケースと言える。これは元請ポジションであり比較的有利な立場での提携が可能だろう。また、他社を差別化するような能力を持ちながらも十分な顧客アクセスを持たない場合にも顧客接点のあるプレーヤーとの提携が不可欠となる。例えばTV局がスポンサー企業にアクセスするために広告代理店と提携する、工事業者がゼネコンの下請に入るなどもこのケースであろう。この場合には下請的なポジションとなるため他社と差別化できる能力を有することが必須の成功要件である。単なる提携ではなく結びつきを強めるためのM&Aも視野に入れる必要が出てくるだろう。

ビジネスモデル改革対オペレーション改革

　事業環境が大きく変化している場合、目先のオペレーション業務の改革だけを考えても本来的な解決にはならない場合が多い。ビジネスモデルは業務の枠組みを規定するものであり、業務の枠組みが従来の延長線である場合には、効率化・生産性向上などオペレーションの改革に焦点を当てて業務改革を推進すべきである。

　しかしながら、環境が変わり、業務の枠組みそのものを検討することが不可避である場合には、オペレーション改革ではなく、上流のビジネスモデルや提供価値を再検討することが必須である。例えば、小売事業において、各店舗に権限を持たせた分散型のビジネスモデルではいくらオペレーション業務の効率化を追求しても効率化には限界があり、標準化・集中化の小売モデルにはコスト競争力の面では勝てないだろう。

　このように、それぞれの企業が現状の置かれた事業環境を十分検討して、オペレーション改革が必要なのか、そもそものビジネスモデル改革が必要なのかを判断することがまず必要である。

Section 2

オペレーション改革

　ビジネスモデルが決定すれば、それに対応するオペレーション業務が規定される。また、現状のビジネスモデルを大きく改革しなくても、オペレーション業務を改善・改革することが求められるケースも少なくないだろう。ここではオペレーション業務改革におけるポイントについて述べてみたい。
　オペレーション改革の出発点は業務効率化である、①費用対効果（ROI）、②業務プロセスの効率化、③組織効率化、の3つの視点から見直すことがポイントとなるだろう。

業務の効率化の視点①──費用対効果

　業務は費用対効果の視点で見ることが必要であり、まず費用に見合った効果（付加価値）を考えることが求められる。業務に対応する人員は経営資源であり、投入する人員（人件費）に見合った効果を判断することが必要となる。投入した人員の費用（人件費）は人数とランクで決定され、この人員（人件費）に対して相応の効果があるかどうかを考える必要がある。効果がないのであれば、人員を削減する、低いランクに変更する、または業務そのものを取りやめるなどが必要となる。逆に人員を増加することにより、効果の増大が期待できるのであれば、人員の追加投入も検討すべきである。このように、費用に見合った業務の効果を判断することがまず必要となる。
　ここで難しいのが、特に間接業務の効果の判断である。生産や営業のような直接業務であれば、得られるアウトプットが定量化しやすいので、効果を定量的に把握しやすい。しかし本社や事業部門の企画・管理・サポート業務のような間接業務の場合、効果がわかりにくく適正人員が判断しにくい。このような場合もあきらめずに効果を評価して現状業務の体制・人数の妥当性を判断することが必要となる。

まずは、その業務の受益者に対してどの程度の効果があるのかを確認する事が必要だろう。現状実行している業務のアウトプットはそれを利用する後工程の部門や担当者がいるはずである。例えば、管理部門が各種の管理を経営に報告している場合を考えてみよう。管理のために現場に様々な報告書を提出させ、その内容を管理報告書として経営側に提出し、経営側が確認する流れがあるだろう。管理報告書がどの程度有効に活用されているかを経営側に確認してみればその有効度合いがわかるだろう。よくあるのが、同様の報告書が他部署からあがってきており、なくても問題とならなかったり、手厚い報告内容になっているが、経営側として知りたいのはほんの一部であるような場合である。このような状況では、そもそもその管理業務自体が必要ないか、もっと業務工数を減らして簡単なものに改善することが必要である。この場合の効率化効果は非常に大きいだろう。管理部門の業務工数を低減できるだけでなく、現場の報告書作成業務も大幅に減らすことができるからである。まず実行すべきは、現状業務のアウトプットの受益者にその有効性を確認することと言える。
　また、実際にアウトプットの利用状況を確認してみることも重要だろう。例えば、販売促進部門がポスターやカタログなど各種の販売助成物を作成している場合、現場での利用状況を実際確認してみる必要がある。使われずに営業支店の倉庫に眠っている場合もあるかもしれない。作りすぎや使い勝手の悪さなど、様々な理由はあるかもしれないが、無駄な業務となっていることが明らかになるだろう。効果のない販売助成物を取りやめれば、作成にかかる業務工数を削減でき、さらには、制作・印刷にかかる外部流出（調達）コストも低減できることになるだろう。
　そして、なるべく定量的に判断する努力が必要である。社内に同様の業務を実施している部門があれば業務量や処理人数を比較してみる、過去からの生産性（業務量／人数など）やトレンドを定量化してみるなど、定量的に見れば無駄や非効率性も見えやすい。
　さらに、費用に見合った効果を考えるだけではなく、たとえ費用に見合った効果があったとしても、より少ないコストで同様の効果が得られるかどうかの検討を加える必要がある。検討の視点としては、「単価（＝ランク）」と「人数（＝生産性）」の2つのポイントから考えてみるべきであろう。まず、現

状の単価よりも低いランクに下げても問題ないか、正規社員ではなく派遣社員で実施しても問題ないかの確認などをする。次に人数の妥当性を見るために生産性を確認する。人によって生産性にばらつきがあるのが通常であるので、もし兼業で業務を実施しているのであれば、生産性の高い人を専業にして業務を集約するのも方法であろう。また、業務手順の標準化（マニュアル化）や教育なども生産性の向上に寄与するだろう。このように、費用に見合った効果で思考を停止するのではなく、より少ないコストで効果を享受できないかをさらに検討することが重要である。効果とコストの差分が付加価値であり、この付加価値の最大化を常に図る必要があるのだ。

　また、ここまで効果のある業務をより少ないインプットで実施することを検討すべきであることを述べてきたが、アウトプットも同様である。すなわち、より効果のある業務を優先するという考え方である。人員が有限な経営資源である以上、より効果のある業務を優先するのは当然である。したがって、単に効果がある業務だからといって人員を配置するのではなく、業務の重要度を評価したうえで人員配置を考えることが求められる。例えば、仮に担当者の人件費が年間500万円で、A業務の年間アウトプットの効果が1,000万円、B業務の効果が1,500万円だったとしてみよう。A業務では1,000万円－500万円＝500万円の付加価値が得られ効果があると判定できる。一方、B業務で得られる付加価値は1,500万円－500万円＝1,000万円である。どちらも十分な効果が見込めるが、A業務に専念してB業務ができない場合には、効果という観点からはB業務効果1,000万円－A業務効果500万円＝500万円のロスとなる。このロスが機会損失であり、より効果の高いものにシフトしなかった結果生じた損失と言える。このように、効果を優先順位づけして、より効果の高い業務を優先的に実行することが必要である。

　通常の業務で考えれば、固定的に従事しなければならない業務があるので、これは除いて、定常業務以外の付加価値業務に費やす時間をどのように割り振るかが問題となるだろう。また、人員配置においてメリハリをつけて担当者を割り振るときにもこのような業務の優先順位づけは非常に重要となる。

　さらに、人員が人的経営資源であると捉えるならば、経営資源の最適配分の視点も忘れてはならない。このように述べると当然のように聞こえるが、

実は上手にできていないケースが非常に多い。例えば、前述のように業務の優先順位をつけたとしても、課などの個別のグループ単位での優先順位づけになる場合が多い。あるグループでは優先度の高い仕事があるにもかかわらず人手不足の状況で、他方、他のグループでは人余り状態などというケースがよく起こり得る。全体の部門での業務の優先順位をつけて人員の最適配置ができていないことが原因である。部門内のグループ単位での仕事の優先順位づけが最適化できていないケースだけでなく、もう少し大きな事業部門単位で見ればさらにこのような問題が顕著に見られる場合が多い。事業部門単位になると、人員の採用ともリンクして問題は深刻化する。ある事業部門では高稼働を背景に人員を大量採用し、となりの事業部門では業績低迷のために人余り状態などということもあるだろう。会社全体を統合的に考えて、全体最適の観点から人員配置を検討することが不可欠である。

　業務は分割して細分化すればするほど、オペレーションはしやすくなる。個別担当者の業務は専門化して特化すれば業務に精通して、習熟も早いし、生産性も高まりやすい。一方、個別業務に分割することによる損も発生する。各人の業務には繁閑があるからだ。手待ち時間が生じても、となりの業務には手が出せない状態となり得る。このように、全体の稼働を高めて業務を最適化するためには、過度な業務単位の分割を避けて、ある程度の大括りの業務単位を検討すべきである。グループや課などの単位をあまり少人数の小分けにするのではなく、大括り化を図ることにより全体の稼働が高まり効率化が進むことが少なくない。このような大括り化を推進する場合のポイントは多能工化である。各人の業務領域が拡大するので、より広いスキルを習得する必要が出てくる。多能工化の推進と業務単位の最適化（大括り化）が人的資源の最適活用と効率化のためには必要となってくる。

業務の効率化の視点②——業務プロセスの効率化

　「人は経営資源」という観点から効率化・生産性向上について述べてきたが、一度配置された人員の業務生産性を向上する工夫・アプローチという観点から見ると、業務プロセスの効率化を検討することが必要となる。

　まずは、無駄なプロセスの排除を考える必要がある。業務は一連の流れ、

プロセスに分解することができる。例えば、顧客への代金請求業務を例にとって見てみよう（**図表2-7**）。納品実績・出荷実績の確認プロセス、価格を入力するプロセス、請求内容を確認するプロセス、請求書を作成するプロセス、最終的に価格を確認するプロセス、請求書発送プロセスなど複数の業務プロセスに分解できる。関連する担当者も価格確認は営業担当者、その他の大半の業務は事務担当者、全体の確認は支店長など、複数の人員が関わっている。例えば、事務担当者の業務を生産性の高い担当者が専任で従事する事務センターに集約すれば、事務担当者の業務プロセスはなくなり工数も大幅低減できる。また、従来請求内容を担当者が全てチェックしていたが、これをはずれ値のみ支店長がチェックするようになれば、請求内容の全数チェッ

図表2-7　プロセス変革代表例──請求書処理

現状プロセス

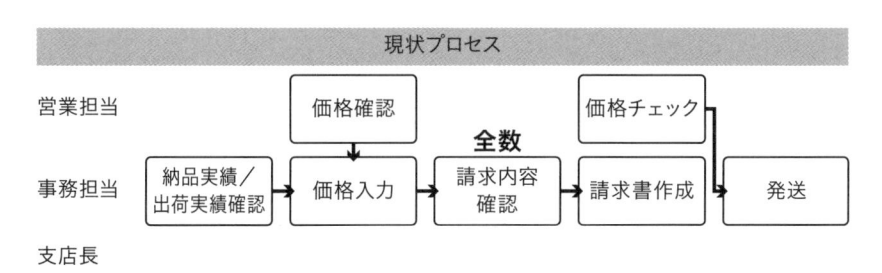

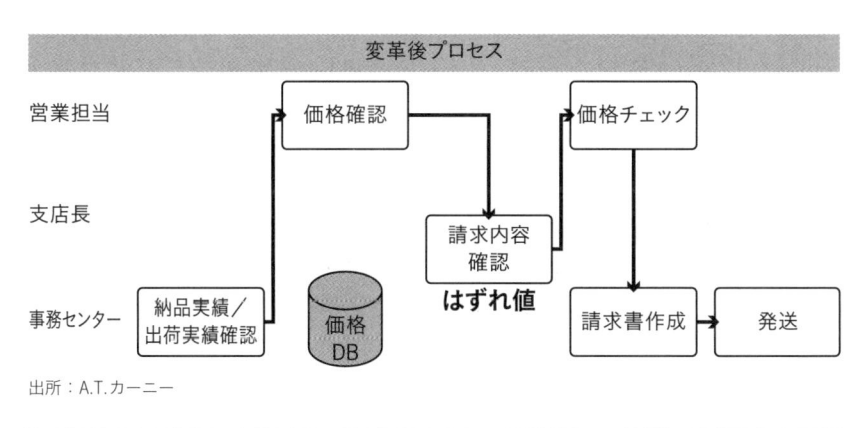

営業担当：価格確認 → 価格チェック
事務担当：納品実績／出荷実績確認 → 価格入力 → 請求内容確認（全数）→ 請求書作成 → 発送
支店長：

変革後プロセス

営業担当：価格確認 → 価格チェック
支店長：請求内容確認（はずれ値）
事務センター：納品実績／出荷実績確認 → 価格DB → 請求書作成 → 発送

出所：A.T.カーニー

クという無駄なプロセスを削除でき、支店長による第三者チェックで誤認も減少させることができるようになる。

このように、業務を一連のプロセスの流れと関連する人員の関与度合いがわかるように把握して、無駄なプロセスを排除したり、より生産性の高いプロセスに改善することが重要である。

また、ボトルネックの解消もチェックすべき重要なポイントである。プロセスの中にはボトルネックとなっている部分が存在することがあるからだ。他のプロセスの生産性が全て高かったとしても、そのボトルネックプロセスの生産性が低いために全体として生産性が上がらない場合もある。例えば、業務プロセスがA→B→Cという3つの業務に分解できた場合、もし上流工程のAがボトルネックであれば、Aの業務遅れのためにBもCも業務に遅滞が生じて生産性が低くなることとなる。この例において個別のプロセスだけを見ていたのではどこに本質的な問題があるのかわかりにくい。特に上流工程がボトルネックの場合には下流まで含めた全体の生産性を低くするからである。このように、プロセスのボトルネックを知るには、プロセス全体を統合的に見てボトルネック部分を把握して生産性改善を行うことが不可欠である。

プロセスの改善においては、無駄なプロセスを排除したり、ボトルネックを解消したりと、プロセスの流れをクリーンにする視点が重要であることを述べたが、同時にプロセス自体をより生産性の高いものに変革する視点も必要であり、その場合の重要な視点の1つが「集中・集約」である。例えば、同様の処理業務を複数で行っている場合、生産性の高い担当者に集約すれば生産性が向上する。複数の人員が兼業で行っているより、少数の専門家に委ねたほうが生産性も上がるし更なる専門化・習熟化も期待できる。いわゆるシェアードサービス業務の集約がこれにあたるだろう。プロセス変革においては、同様の処理業務を分散的に行っているかどうかを確認して、その業務を集中・集約できないか考える視点が必須である。

加えて、プロセス変革では、IT化・自動化の検討は避けて通れない。大掛かりなIT化でなくても、情報システム部門との連携で生産性向上が図れる場合が多いのは言うまでもない。

業務の効率化の視点③──組織効率化

業務効率化の実現のためには、組織構造の見直しも避けて通れない（**図表2-8**）。業務効率化を阻害する組織構造としては、まず不必要な重層構造が挙げられる。よくあるケースが管理ポスト確保のために重層化している例であり、特に大企業に見られる。不必要なポストの人件費が無駄であるだけでなく、管理者は不要な業務を増やす。自己の仕事を確保するために、様々な報告書を作成して下の階層に対して報告させるなどが典型的なケースである。下の階層の担当者は上からの業務命令として作業をせざるを得ず多大な工数

図表2-8　組織構造に起因する非効率性

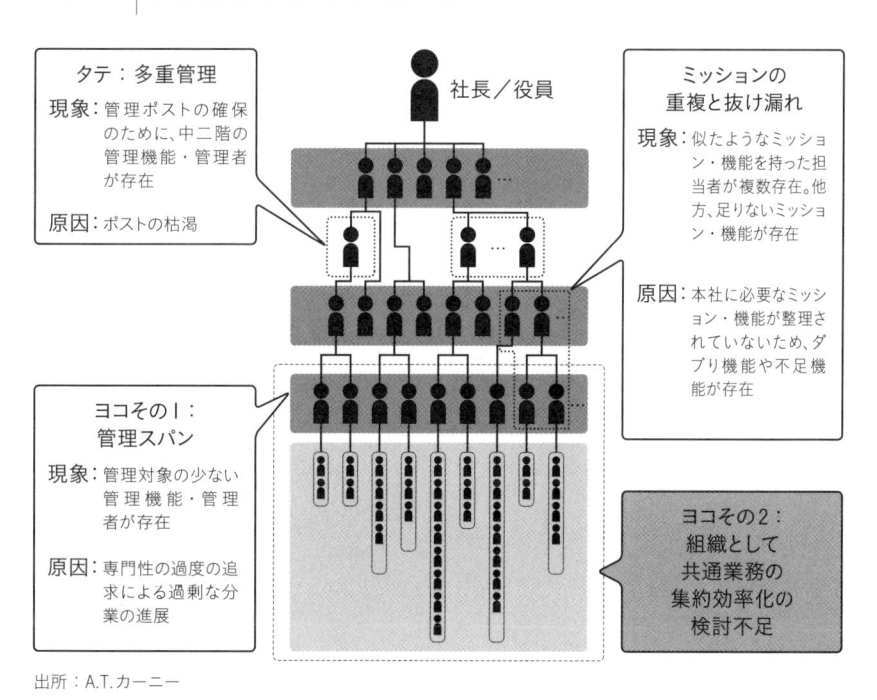

タテ：多重管理
- 現象：管理ポストの確保のために、中二階の管理機能・管理者が存在
- 原因：ポストの枯渇

ミッションの重複と抜け漏れ
- 現象：似たようなミッション・機能を持った担当者が複数存在。他方、足りないミッション・機能が存在
- 原因：本社に必要なミッション・機能が整理されていないため、ダブリ機能や不足機能が存在

ヨコその1：管理スパン
- 現象：管理対象の少ない管理機能・管理者が存在
- 原因：専門性の過度の追求による過剰な分業の進展

ヨコその2：組織として共通業務の集約効率化の検討不足

出所：A.T.カーニー

を発生させる場合もある。さらに、トップに迅速に報告すべき内容が不要な中間層のために滞ったり、情報伝達のスピードも著しく阻害しかねない。このように、不要な中間管理層の存在は周りも含めた業務量の増大とともに、情報伝達スピードの阻害にもなり、業務効率化の大きな障害であり、是正することが必須である。

　そして、狭い管理スパン、すなわち管理対象者の少ない管理者の存在も問題であり解消する必要がある。極端な例では、管理者1人に対して1人の担当者という場合もあり得る。管理ポストが不足しているために、必要以上に管理職を増やし管理スパンが狭くなっている場合や、専門性を過度に追求するあまり、過剰な分業状況となり管理部門の単位が異常に小さくなり管理スパンが狭くなっている場合などが想定される。どちらの場合も非効率な状況であり是正が必要となる。管理スパンの適正化は効率化に不可欠である。

　組織ミッションの重複もチェックすべきポイントである。同じような業務を複数の部門や担当者が行っている状況は非効率そのものである。特に日本企業の場合、職務のミッションが曖昧である場合が多い。大まかにはミッションが規定されていたとしても、内容を具体的に見ると同じような業務をしている場合も少なくない。特に、企画部門でこのようなことが生じる場合が多いのではないだろうか。似たようなミッションを持った企画部門が乱立し、下に対して同じような報告を求めているような状況もよく見られる。大まかな組織ミッションだけでなく、個別業務単位での業務の重複を見直すことが必要である。

　一方、ミッションの抜け漏れ是正は、効率化というよりも組織機能の強化の観点から必要な視点である。例えば、各部門単位で効率化を図っている場合、より大きな効率性を追求するのであれば、全体最適の観点から効率化を管理推進する機能が不可欠であろう。特に全体最適の観点から企業活動をモニタリング・コントロールするミッションに抜け漏れが多く、読者の会社についてもこのような観点からミッションの抜け漏れをチェックしていただきたい。

提供価値創出（強化の視点）

　オペレーション改革では、効率化だけでなく「強化」の視点が必要であり、上流の概念である戦略と紐ついたビジネスモデルに合わせて業務オペレーションの改革が必要となる。例えば、ビジネスモデルがカスタマイズではなくローコストにおける提供価値を強化するために標準化の方向に舵を切った場合、ビジネスモデルの構造は「分散」から「集中」の方向に変化する。当然、従来は分散的な業務フローであったものが集約的な業務フローに切り替わらなければならない。意思決定のポイントも分散から集約へと変化することとなり、業務オペレーションは大幅に変化することになるだろう。このようにビジネスモデルの変革に伴い、モデルに応じた業務オペレーションの設計が必要となる。ビジネスモデルに応じて業務オペレーションが異なるので、ここでは詳細説明はしないが、ビジネスモデルが変化すればそれに従う業務オペレーションの再設計が必要となることを認識しなければならない。

組織・機能の強化

　先述の「業務の効率化の視点③──組織効率化」でも説明したが、組織機能の強化において最も重要な視点は全体最適のためのコックピット機能であろう。全体最適のために必要な指標を管理モニタリングし、必要に応じて組織横断的に全体最適化を推進する機能である。各事業ごとに成長を追求してきた組織において、事業部門などの組織を超えた全体最適化の取組みが遅れている企業は多い。事業部門の壁ですら横断的な取組みには相当な抵抗がある場合が多いが、まして、子会社も含めたグループ横断的な取組みとなれば大きな抵抗を受けることは必死である。しかし、特に効率化を考えた場合、部門共通のオペレーションを組織横断的に標準化する、必要に応じて集約する、など全体最適化の機能は業務のオペレーション改革において必須の要件である。例えば、調達における購買機能、サプライチェーン全体の統括機能など、オペレーションの高度化において、組織横断的な機能（コックピット機能）の埋め込みは避けて通れないものであろう。

また、このようなコックピット機能が効果的に活動できるためにもPDCAを回すもととなるKPI（Key Performance Indicator：業績評価指標）の適切な設定が不可欠であろう。例えば人件費であれば業務・組織単位の人件費総額に加えて単価×人数（工数×生産性）、調達コストであれば費目別の支出総額と単価×数量など適切なKPIの設定が業務オペレーションの改革には不可欠である。市場価格や他社との比較のみならず、過去からの時系列比較、社内の横並びの比較など、ベンチマーク比較をすることにより現状業務のパフォーマンスの評価が可能となるのだ。

Section 3
キャパシティー最適化

キャパシティーとは、アセットや人員など全体のアウトプット量を決める生産能力の大きさのことであるが、本書では、業務改革の観点から、特に人員に焦点を当て、人員規模・人員構造の最適化について述べたい。

人員を最適化するためには、5つの視点が必要である。すなわち「①見通しを立てる」「②人員の持ち方を考える」「③あるべき規模を規定する」「④余剰人員の出口戦略を立てる」「⑤仕組みを作る」の5つの視点である。

①見通しを立てる

将来の人員の見通しを立てることは業務改革を行う場合避けて通れない。現状の人員をベースにしていたのではビジネスを継続していく企業にとってキャパシティーの最適化は図れない。例えば、売上が急速に拡大している場合、現在人員数を最適化しても将来の人員不足に陥るだろう。あくまでも将来を予測してキャパシティーを考える必要がある。

見通しを立てる場合、大きくは2つの視点が重要となる。1つは将来の需

要を予測してそれに応じた人員規模を計画することである。当たり前のようであっても意外とできていないケースが多い。将来を考えずに現状の余剰や不足を考えて人員規模を決めるケースである。もう1つは、将来の人員供給量を考慮して業務量と生産性を計画することである。人口縮小という中長期的な視点から見ると、今後労働人口は減少する。また、その企業の年齢構成ピラミッドから見て中長期的にどの層の人員構成が減少するのかを想定することも重要である。このような減少に対応する場合には、労働力の減少に対応する業務量と必要な生産性を明確化して業務効率化・生産性向上の策を打つことが必要となってくる。

　いずれにせよ、まず必要な分析は将来の需要と売上を見通したうえで、業務の固定変動分析をすることである。業務には売上などとリンクして業務量が増減するものと、あまりリンクせず売上の増減にかかわらずそれほど業務量が変化しないものがある。また、その中間的なものもあるだろう。いわゆる、製造や営業などの直接業務はアウトプットとなる生産量や売上に比例してインプットとなる人員投入量の増減が求められる変動業務である。一方、企画や管理部門などの間接業務は、売上変動にかかわらず業務量はそれほど変動しない。また、間接業務の中でも、請求書処理のようなオペレーション的な業務は売上が増えれば業務量も増加して人員増加が必要となるだろう。このように、それぞれの業務が売上とどの程度リンクして変動するかを見極めておくことは非常に重要である。将来の売上増加や減少を予測した場合どの程度の業務量と人員規模が必要となるかを計画できるからである。特に中期計画の策定における人員見通しを計画する場合には必須の分析でありキャパシティーを最適化するために不可欠な前提である。

　また、人材の最適化を考える場合、ありがちな罠を知っておくことは有効で、あらかじめ知っておくことによりそのような間違いを回避できる。コンサルティングプロジェクトを実行してみるとよく遭遇するのが、まず、将来の売上増加を期待して生産などの直接人員に余剰を抱えている状況である。売上が増加した場合、すぐに生産が追いつくように多めの人員を準備している状況である。特に、楽観的な売上計画を策定しているような場合にはこのような人的キャパシティーの過剰が起こりやすい。この場合、当然のことながら、常にキャパシティーオーバーで低稼働の状況に陥ることとなる。

もう1つありがちなケースは、各部門が個別に人員計画を策定し採用を行っているために、ある事業部門では人員余剰でも、となりの事業部門では人員が足りずに採用を増加させているような状況が発生してしまう場合である。事業部門横断的な人事が欠如している場合にはこのようなキャパシティーの非効率が起こりやすい。もちろん、会社全体での人員最適化をコントロールできるようになるためには、全体最適での人員移動を実行できるような機能・組織の組み込みに加えて、多能工化など人材側の改革も必要となる。

②人員の持ち方を考える

　キャパシティーの最適化を考える際には、将来の需要を予測したうえで人員の持ち方を考えることも必要となる。すなわち、固定的な社員として持つのか、外部に依存すべきか、また、自社で内製するにしても、本体で確保するのか、子会社で確保するのかを明確にするのである（**図表2-9**）。
　キャパシティーという観点から人員の持ち方を考えるときには、まず「コ

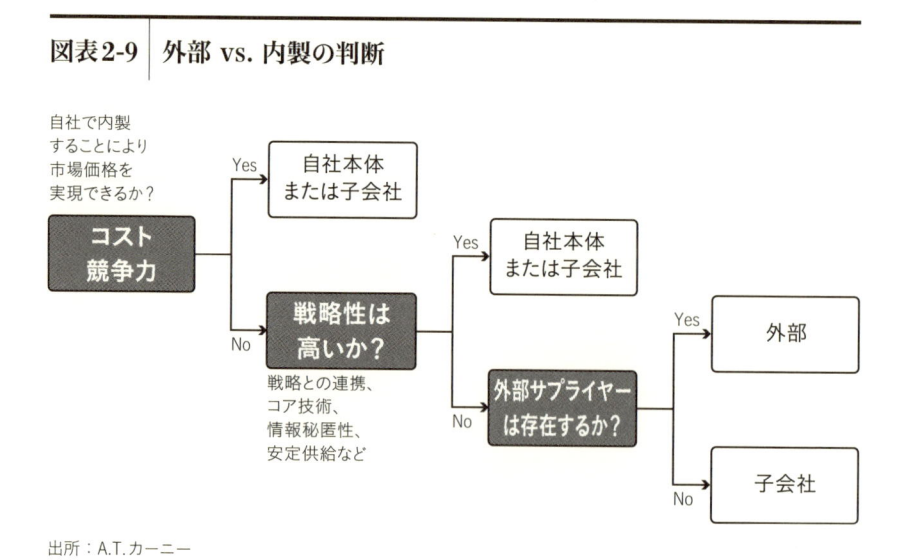

図表2-9　外部 vs. 内製の判断

```
自社で内製
することにより
市場価格を          Yes    ┌──────────┐
実現できるか？  ───────→│自社本体   │
                         │または子会社│
┌────────┐              └──────────┘
│ コスト │                          Yes    ┌──────────┐
│ 競争力 │                    ┌───────→│自社本体   │
└────────┘                    │          │または子会社│
       │                ┌──────────┐   └──────────┘
       │  No          │戦略性は   │                   Yes    ┌──────┐
       └─────────→│高いか？   │                   ┌──→│ 外部 │
                       └──────────┘                   │     └──────┘
                       戦略との連携、 ┌──────────┐  │
                       コア技術、     │外部サプライヤー│  │
                       情報秘匿性、  │は存在するか？│──┤
                       安定供給など   └──────────┘  │  No  ┌──────┐
                                           No          └──→│子会社│
                                                              └──────┘
```

出所：A.T.カーニー

スト競争力」の観点からの検討が求められる。自社で人員を抱えることにより十分競争力のあるコストが実現できるのであれば、自社（本体または子会社）で人員を保持することは妥当だろう。もし、コスト競争力が担保できないのであれば、次に戦略性を検討する必要がある。持とうとしている組織・機能の戦略性の検討である。すなわち、自社の戦略との連携が強いか、情報の秘匿性が高いか、安定供給の必要性があるか、など戦略性は当該企業の置かれた立場によって異なってくるので、個別に検討することが必要である。戦略性が高ければ、コスト高でも自社（本体または子会社）での保持が必要となる。戦略性が低いのであれば、外部化を検討することになる。もちろん外部に代替サプライヤーが存在すればそのまま外部化となるが、サプライヤーがいない場合には子会社で保持しつつ徹底的な効率化を図ることが求められる。

③あるべき規模を規定する

　見通しを立て、人員の持ち方を考え、そのうえであるべき人員規模を最終的に規定することが必要であることを述べてきた。もちろん、人員の持ち方を検討する段階で競争力のあるコストを実現できるかどうかを検討するわけであるので、当該業務の効率化の検討も併せて行うことが前提である。そして、最終的には、必要な人員規模を現状の人員と照らし合わせて枠管理することが重要である。現実の人員規模は余剰の場合が多いので、本来あるべき規模を適正枠として管理していくことが求められる。

④余剰人員の出口戦略を立てる

　適切な人員（キャパシティー）を明確化して、人員枠を管理していくことにより、人員が余剰（キャパシティーオーバー）の場合には、余剰であることを理解したうえで経営していくことになる。現実には従業員の雇用の問題があり、適切な人員枠がわかっていても短期的に最適人員規模を実現できない場合が多い。したがって、短期で実現できなくても、適切な人員規模を目指して中長期で実現するための人員計画が必要となる。余剰人員を適正化する意味からもここでは出口戦略という言葉を使いたい（**図表2-10**）。

図表2-10　出口戦略（内製化・新規事業・アウトソース・雇用調整・自然減）

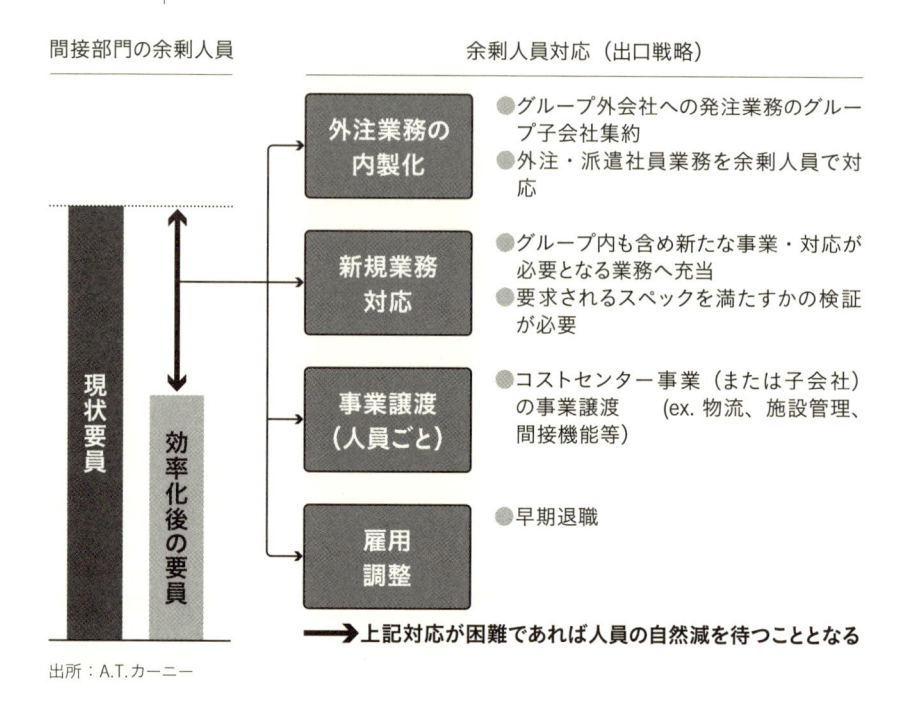

間接部門の余剰人員　　　　　　　　余剰人員対応（出口戦略）

外注業務の内製化
- グループ外会社への発注業務のグループ子会社集約
- 外注・派遣社員業務を余剰人員で対応

新規業務対応
- グループ内も含め新たな事業・対応が必要となる業務へ充当
- 要求されるスペックを満たすかの検証が必要

事業譲渡（人員ごと）
- コストセンター事業（または子会社）の事業譲渡（ex. 物流、施設管理、間接機能等）

雇用調整
- 早期退職

→ 上記対応が困難であれば人員の自然減を待つこととなる

出所：A.T.カーニー

　出口戦略では、中長期の観点から様々な方策を考える必要がある。まずは、成長のための新規事業への余剰人員投入であるが、現実にはなかなか難しい場合が多い。そもそも成長のための新規事業が多くないのが現実であるうえに、余剰人員とのスキルのミスマッチがあり困難な場合が多い。次は現実的な解として外注の内製化があるだろう。通常の企業においては多くの業務を外部に委託している。そこで外に出している業務を一時的に内部に取り込み余剰人員の業務にあてるのだ。そして余剰人員の自然減分を再び外部に委託していくという中期的な打ち手である。もちろん、希望退職などの短期的な打ち手はからめて考えるべきであるが、適正な人員規模へのキャパシティーの是正のためには、現実の雇用の問題も考慮すると、無理のない範囲での採

用抑制と内製化などの複数の打ち手を合わせながら中長期的な人事計画が必要となる。また、賃金抑制の観点からの子会社化に加えて、受け手が考えられるならば、人員ごとアウトソースということも考えられる策だろう。思い切った打ち手が可能であれば、雇用調整を前面に打ち出す場合もあり得る。いずれにせよ、これらの打ち手をそれぞれの企業の置かれた状況に応じて、短期のみならず中長期的な観点から複合的に検討することが求められる。

⑤仕組みを作る

　人員は経営資源であるので、全体最適の観点から最適化を図る仕組みが重要だ。一方の事業部門では人余りの状況でオーバーキャパシティー、他方の事業部では人手が足りずに大量採用のような状況を作り出さないことである。

　このような仕組みは、すでに「効率化」のパートで述べたように、中長期的な出口戦略に不可欠な仕組みであるとともに、日々の業務効率化のためにも必須である。組織横断的に人的リソースの再配分が図れるような機能を持つことが重要であるとともに、再配置のためには、スキルのマッチング、すなわち多能工化の促進が不可欠であるので、教育制度も含めてスキルマッチングできるような制度を準備しておくことが必要である。

第3章

ビジネスモデル事例

第2章においてビジネスモデルの構造として「提供価値を発揮するための構造」「提供価値を拡大するための構造」「提供価値に集中するための構造」の3つをご

図表3-1 ビジネスモデル事例の概要

企業名	ポイント
セブン銀行	●「利便性」という提供価値を最大限に発揮すべく、他行との提携やATMの簡素化に取り組みながらコンビニATMを本格的に展開 ●「提供価値を発揮するためのビジネスモデル」の事例
DeNA	●ソーシャルゲームの最大手としてモバゲーを展開。従来のゲーム業界の売り切り型のビジネスモデルを都度課金のモデルに ●「提供価値に加えて儲けの仕組みを考えたビジネスモデル」
インテル	●マイクロプロセッサの最大手。インターフェースを標準化・オープン化してデファクトスタンダードになると共に、内部はブラックボックス化 ●「提供価値を拡大するためのビジネスモデル」の事例
日立物流	●物流子会社のM&Aを通じて競争力を高め、3PL分野でナンバーワン ●「提供価値に集中するビジネスモデル」の事例

図表3-2　ビジネスモデルの構造を決めるドライバーと事例

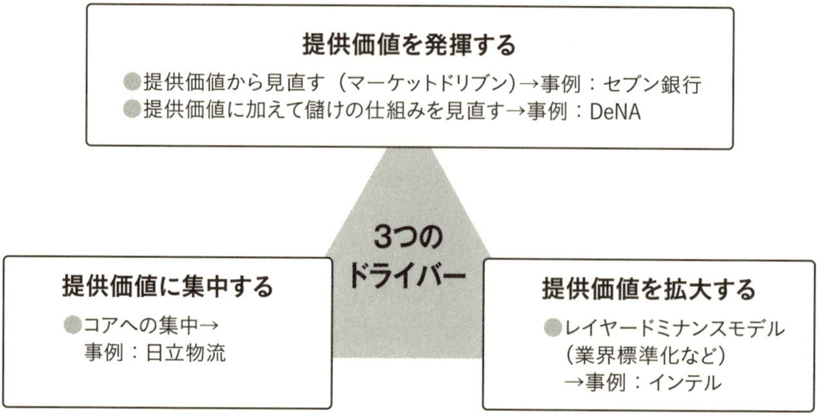

3つのドライバー

提供価値を発揮する
- 提供価値から見直す（マーケットドリブン）→事例：セブン銀行
- 提供価値に加えて儲けの仕組みを見直す→事例：DeNA

提供価値に集中する
- コアへの集中→
  事例：日立物流

提供価値を拡大する
- レイヤードミナンスモデル
  （業界標準化など）
  →事例：インテル

出所：A.T.カーニー

紹介した。本章ではいくつかの企業の具体的な事例を取り上げ、「どのような背景・経緯で、どのようにビジネスモデルを変革したのか（あるいは新たに作り上げたのか）」を分析することで、業務改革に必要なMOC（Model, Operation, Capacity）において、特に上流の概念であるビジネスモデル（M=Model）の理解を深めたい。

すでに述べたとおり、業務改革では、まず置かれた事業環境から、単なるオペレーション改善ではなく、提供価値やビジネスモデルの改革が必要かを考えることが重要である。その意味からも業務改革の出発点となる視点として、本章ではビジネスモデルについて事例を通して理解を深めたいと思う。

本章で取り上げるのはセブン銀行、DeNA、インテル、日立物流の4社である。

Section 1

セブン銀行

　最近でこそ、コンビニエンスストアでATMからお金を引き出すことは見慣れた風景になりつつあるが、一昔前は駅前や繁華街にある銀行の支店ATMまでわざわざ行く必要があった。セブン-イレブンの来店客調査によると「コンビニでATMを利用したい」というニーズが1990年代後半から高

図表3-3　セブン銀行のビジネスモデル

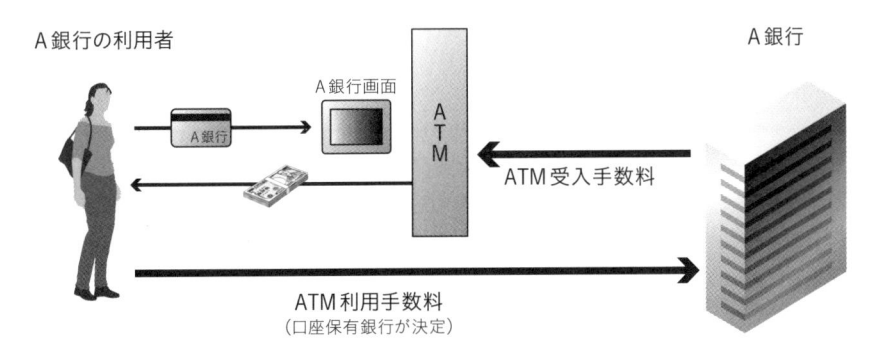

利用者のメリット
- 時間・場所の利便性
  24時間365日営業するコンビニ店舗内
  全国的なネットワーク、ほとんどのカードが使える
  使い慣れたいつもの画面
- 安心・安全

ATM提携金融機関のメリット
- 自行ATMと同様に活用可
  ATM利用手数料はそれぞれの銀行戦略で決定
  自行優遇制度の一環として活用
  自行ATM同様の画面等を提供
- 既往ATMネットワークのバックアップとして活用可
- 自行ATMの維持メンテナンス・資金調達コスト削減可

出所：セブン銀行IR資料

まりつつあった。こうしたニーズに応えるべく2001年にアイワイバンク銀行（現セブン銀行）が設立された。

セブン銀行は「24時間365日、いつでも、どこでも、だれでも、安心して」お金を出し入れできるという「新しい便利」から収益を生み出すビジネスモデルを構築している（**図表3-3**）。

セブン銀行の最大の提供価値は「利便性」である。これを最大限に発揮するためには、24時間・365日お金を出し入れできるきめ細かいネットワークを構築する必要がある。従来の銀行の常識では膨大なコストがかかってしまうが、セブン銀行はコンビニという身近なインフラを最大限活用するとともに、サービスラインナップやATM機能を絞り込み低コストの運営体制を構築している。また500以上の金融機関と提携し、提携金融機関と同じ画面で入出金のサービスを提供することで「利便性」を幅広い利用者に提供している。提携金融機関からは1件当たり130円程度のATM利用手数料を受け取っているが、提携金融機関にとっても自行ATMの維持費用削減やバックアップ機能として活用できるなどのメリットが大きい。

図表3-4　一般の銀行とセブン銀行の比較

	一般の銀行	セブン銀行
主たる収益源	●貸出収益（ストック） ●大企業向けでは利息だけで数億円以上	●提携銀行からのATM利用手数料（フロー） ●1件当たり130円程度と小額
必要なコスト	●窓口業務や与信判断などにかかる人件費 ●警備・冷暖房などの店舗運営コスト	●法人融資や有人店舗がないため、人件費も僅少 ●既存のインフラを活用するため運営コストも僅少
ATMの機能	●通帳記帳や振込など多様な機能 ●一方で同じ銀行でもATMの種類が複数あり、操作性も異なる	●入出金（紙幣のみ）や残高照会に絞り込む ●どの店舗でも同じATMで、かつ提携銀行と同様の操作画面を表示
店舗の立地	●繁華街や駅前が中心	●セブン-イレブン、イトーヨーカドーなど（住宅地にも豊富なネットワーク） ●近年は空港、駅なども

このように、セブン銀行はお金を引き出す・入れるというフロー型のビジネスモデルであり、預金を集めてそれを原資に貸付を行うストック型のビジネスモデルを採る多くの銀行とは対極に位置する（**図表3-4、3-5**）。
　セブン銀行は標準化や機能の絞込み（ATM）・他力の活用（既存のコンビニや数多くの提携銀行の活用）を徹底することで、「利便性」という提供価値を発揮する構造、とりわけ低コストで運営可能な構造を作ったといえよう。そして、このビジネスモデルにおいてカギとなるATMの調達・運営コストの効率向上に磨きをかけている。具体的には、ATMの機能を簡素化・改良して調達単価の引下げと顧客利便性の向上を実現したり、現金カセットの増加で紙幣容量を増やして現金補充回数を削減（＝補充の委託作業費の削減）したり、スケールメリットによって委託単価の引下げなどを図っている。旧来の業界発想に囚われない提供価値の設定、大胆な他力活用、そしてビジネスモデルとオペレーションの連携という点で、多くの企業にとって学ぶところが多いのではないだろうか。コストを最小化しながら提供価値を最大限発揮するための構造をとったビジネスモデルの好事例であろう。

図表3-5　ATM1台当たりの月間業務委託費の推移

セブン銀行の強み→高い効率性

1台当たりの月間業務委託費（千円）

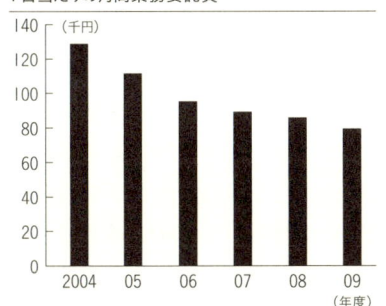

年度	2004	05	06	07	08	09
千円	約130	約110	約95	約90	約85	約80

注：業務委託費÷ATM稼働台数

効率性の向上を求めて

- ●台数増によるスケールメリット
- ●05年度からはより効率的なATMへ移行

- 取引処理速度の向上
- ATM設置場所ごとの現金ニーズを分析し、それに最適な現金格納庫の組み合わせを選ぶことで現金交換回数を削減し、経費抑制を実現
- 第2画面を導入して紙媒体を廃止

1台当たり現金交換回数

2004年度	約3.5回／台
2009年度	約1.7回／台

出所：セブン銀行IR資料、セブン銀行HP

Section 2
DeNA

　モバゲーで有名なDeNAは、ソーシャルゲームというサービスで、怪盗ロワイヤルの大ヒットとともに、3,000万人以上の会員を集めている。
　ソーシャルゲームのビジネスモデルはシンプルだ。ユーザーが会員になり、現実世界の友達やネットの中の見ず知らずの人と協力し合い、競争し合う場で、ユーザーが欲しくなるアイテムやコイン（ゲームの中で使えるお金）を購入してもらうのである。
　シンプルだが既存のゲームという枠組みと比べると大きくビジネスモデルが異なる（**図表3-6**）。
　既存のゲームは、買う前、つまりゲームを始める前に面白いと思わせる必

図表3-6　ゲーム業界の違い

	既存のゲーム	ソーシャルゲーム
購買形態	●ゲームを始める前 ●5,000円〜7,000円前後 ●ゲームそのものを購入	●ゲーム中 ●数百円 ●ゲーム中に何度も
ゲームの主なプラットフォーム・利用シーン	●ゲーム機 ●じっくり	●携帯／スマートフォン ●ちょこちょこ／暇つぶし
成功要件	●始める前にきっと面白いゲームだと思わせる	●手軽に始め、継続して、課金したいと思わせる
ビジネスのポイント	●ゲーム自体の完成度を高めるための大規模開発	●無料で始められるエントリーのしやすさと、周到なゲームの流れ・仕掛け作りによるトータルでの収益獲得

出所：A.T.カーニー

要があり、完成度を高めるための大規模な開発を必要とするタイトルが多い。結果的に、期待値を裏切らない作品として、「継続もの」（ドラゴンクエストやファイナルファンタジーなどは10作品以上）や「人気キャラクターもの」が多いと考えられる。一方、ソーシャルゲームは、無料で始めて途中で課金する仕組みのため、課金したいと思わせる、継続したいと思わせる周到な流れや仕掛けを用意してある。

　具体的に怪盗ロワイヤルを例に、大雑把にゲームの中身を見てみよう。プレーヤーはネットワーク上でつながっており、様々な課題（ミッション）を与えられ、こなしていくとお宝を入手できる。このお宝のシリーズ（基本7つ）を全て集めると（コンプリート）、ご褒美がもらえるのだが、コンプリートする前は、他のプレーヤーが盗むこと（バトル）ができる。特に出現しにくいお宝は多くのプレーヤーが欲しいので、放っておくと誰かに盗まれてしまう。そこで、早くコンプリートするためのアイテムや、盗まれにくくするためのアイテム、または盗みやすくするアイテムなどが用意されている。このアイテムのいくつかが課金の対象となる。

　しかし、あからさまに課金ばかりされたり、課金しても他のユーザーに優位に立つことが実感できなかったりすると課金が継続しなくなってしまうので、非課金ユーザーでも十分遊べるようなバランスで課金アイテムが用意されていると考えられる。また、課金してもらうことと継続してもらうことの仕掛けの重要な要素が"ソーシャル"だと考えられる。このゲームでも、実際の友人や見ず知らずのプレーヤーとつながって協力したり、競争し合ったりすることで、課金してでも上位に行きたい／レベルを上げたいとか、つながっている人も続けているから何となくやめられない環境を作っている。さらにオンラインでゲームを提供している強みとして、継続率、課金率、課金単価等のKPI（Key Performance Indicator）をリアルタイムに把握し、例えば、お宝や課金アイテムの出現率をチューニングしているのであろう。

　このように、ソーシャルゲームは無料で始めて、ゲームを楽しんでもらいながら、徐々に競争や協力にはまっていく仕掛けを作り、そこで儲けるビジネスモデルなのである。ビジネスのバリューチェーンにおいて、売切り＋保守メンテを押さえるという枠組みで考えると、既存のゲームは売切り型、ソーシャルゲームは手軽に無料で始めてもらい後々儲ける、保守メンテのよう

なランニング収入型ビジネスモデルの好例と言えよう。既存のゲームが壮大なストーリーやゲームそのものの醍醐味、グラフィック等に重きを置き、クリエイティブで、大規模な作り込みのモデルであったのに対し、ソーシャルゲームはより人間同士のつながりや競争心をゲームの世界で展開する仕掛け作りと、KPIを管理し改善していく科学的な取組に重きを置いているものと考えられる。

そのような違いによって、ソーシャルゲームでは、トライアンドエラーを前提とした改善サイクルの構築、ユーザーの反応の分析力、その結果を次の仕掛けに落とし込む力が重要になろう。

ビジネスモデルという観点から見ると、単に売切りではなく、その後のランニング収入で儲ける仕組みは、このようなゲームの世界においても事業成功の大きなポイントとなっていると言えるだろう。

Section 3

インテル

インテルといえば、パソコンの主要部品であるマイクロプロセッサー（中央演算装置）の巨大企業であり、パソコンが普及したタイミングから今日に至るまで確固たる地位を維持し続けている（**図表3-7**）。

なぜ彼らがここまで成功しているかというと、マイクロプロセッサーの世界で「デファクトスタンダード」を築けたことにある。デファクトスタンダードの地位を築くことで、外部も含めた環境が自立的にその地位をより強固なものへと押し上げていくのである。例えば、プロセッサーとより関係の強いパソコン（Windows）以外の電気掃除機、携帯電話、自動車の世界でも、競合と比べると割高でもインテルのプロセッサーの利用率は高いそうである。理由は、パソコンの世界で培われた開発者や開発ツールが容易に入手でき、結果的にコストが安く上がるからである。

図表3-7　インテルの売上推移

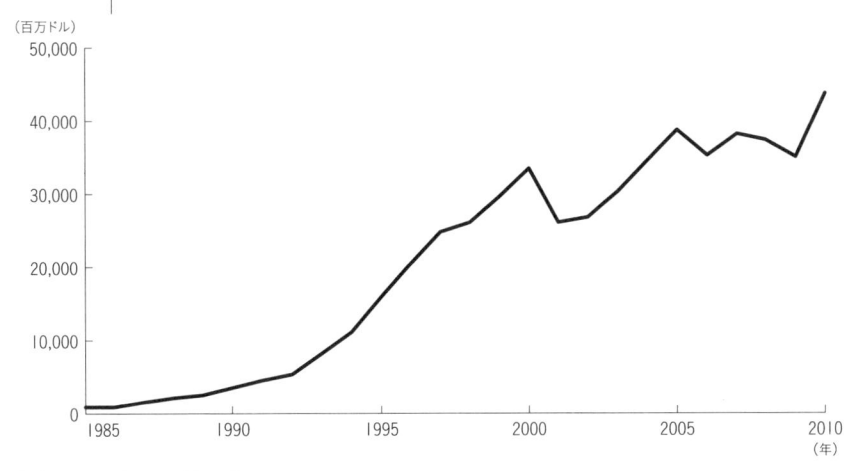

(百万ドル)

出所：Annual Report of Intel Corp

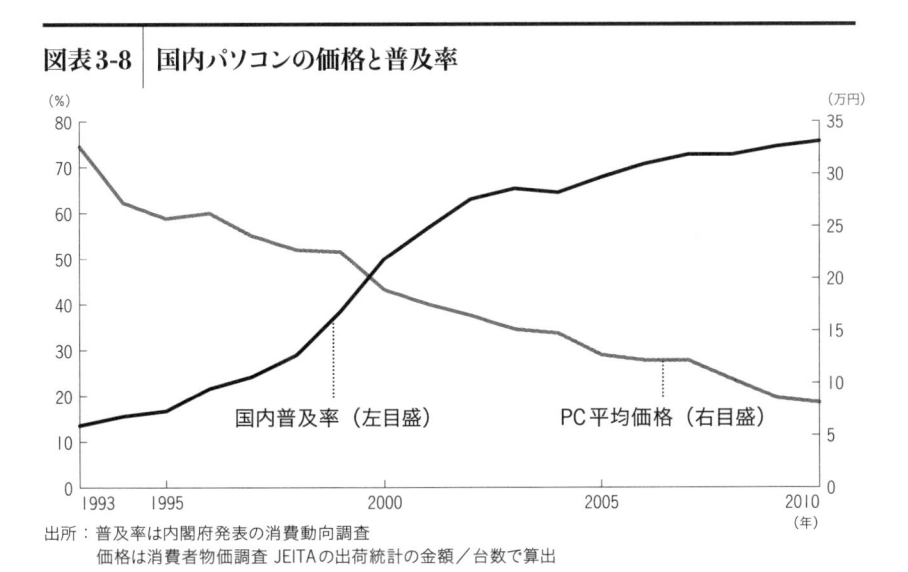

図表3-8　国内パソコンの価格と普及率

国内普及率（左目盛）　　　PC平均価格（右目盛）

出所：普及率は内閣府発表の消費動向調査
　　　価格は消費者物価調査 JEITAの出荷統計の金額／台数で算出

第3章　ビジネスモデル事例　69

では、このようなデファクトスタンダードの地位をどのように築いたのか。当初のコンピュータ産業は、チップから流通・販売までを一気通貫で押さえるメーカーごとの縦割りであったが、しだいにそれぞれのバリューチェーンの横割りが主流となってきた。これは、これまで製品と部品のすり合わせを必要としていた時代から、各モジュールを組み合わせるだけで製品ができる時代への変化であった。インテルはこの産業の流れに乗り、マイクロプロセッサーの部品化を進めた。この部品化とは、インターフェースは標準化して公開する一方、内部はブラックボックス化して、多数の訴訟なども含めて競合にまねさせない作戦をとったことである。インターフェースは標準化され、結果、部品を組み合わせるだけで、誰でもパソコンを製造することができるようになった。さらに、大口の取引先だった、コンパック、IBMなどと、中小のパソコンメーカーへの卸値をほとんど変えなかったのである。これにより、無名ブランドのパソコンメーカーも「インテルインサイド」のロゴを貼って安心感のあるパソコンを安価に市場に供給できるようになった。中小メーカーの台頭により、競争環境が醸成され、パソコンの価格は大きく下落し、各社員に1台、家庭に1台のパソコンが可能となった。そして、ソフトウェア開発ベンダーはその普及したパソコン向けのアプリケーションを開発し、さらにそれが好循環でパソコンの普及を後押しするのである。

　このケースの成功要因は、キーとなる部品のインターフェースを標準化・オープン化し、内部情報はクローズ化して競合にまねさせないようにし、第三者に部品を組み合わせることで安価にパソコンを販売できるようにさせ、普及を促進させたところにある。普及により規模の経済を働かせ、さらなる好循環のサイクルを作ることで、デファクトスタンダードの地位を確立したのである。レイヤードミナンスモデルの代表事例と言える。

　このようにインターフェースは標準化し、内部はクローズ化し、シェアを拡大するビジネスモデル（レイヤードミナンスモデル）の他の例としては、電子デバイスに使われる小型モーター（マブチモーター）や、ディーゼルエンジンの燃料噴射システム（BOSCH）などが有名だが、圧倒的なシェアをとらないまでも、カスタマイズ・すり合わせを極力排除し、規格品・標準品のままなら大きなコストメリットを出せるような商品・サービスなども同様の戦略をとり得るものと考えられる。

Section 4

日立物流

　日立物流はその会社名から想像されるように、日立製作所の物流子会社として設立された。1989年に東証2部に上場しているものの、当時の日立依存度は8割を超えており、典型的な物流子会社だったと言えよう。しかし、バブル崩壊後、日立グループからの受注が伸び悩む中、グループ外からの受注獲得に大きく舵を切り、いまや日立グループ外からの受注が8割を占めている。

　日本の大企業の多くは「親会社にとって最適な物流サービスを提供する」ことを大義名分に物流子会社を抱えることが多い。しかしながら、物流子会社の多くは業績や設備の稼働率が親会社の業績に左右される。もちろん、グループ外からの受注も可能ではあるが、親会社以外の企業・業界の物流ナレッジに乏しいうえ、規模が中途半端でコスト競争力も脆弱であるケースが多い。また、そもそも親会社からすると物流子会社はコストセンターであり成長のための積極的な投資がしにくい。

　日立物流は、まさにそのような物流子会社の買収を通じて規模を拡大し成長を続けている企業である（**図表3-9、3-10**）。とりわけ、近年成長中の3PLの分野ではナンバーワンの地位を築いている。買収した多くの物流子会社は、親会社や当該業界の物流ニーズについて高い知見やスキルを有している。それらを日立物流グループに取り込み、スキル強化やコスト削減により親会社との取引基盤を固める一方で、「親会社のコストセンター」という縛りを外すことで、その潜在能力を発揮させることができるのだ。例えば、2007年に買収した資生堂の物流子会社を前身とする日立物流コラボネクストは、資生堂の物流サービスをプラットフォームとして、2009年10月には同業のコーセーの物流も受託している。

　このように、日立物流はいち早く親会社のコストセンターとしての立場から脱却し3PLをコア業務と位置づけ、その強化のために様々な業界の物流

図表3-9　日立物流による物流子会社のM&A

	親会社	物流子会社名
2005年 6月	クラリオン	クラリオン・エム・アンド・エル
2007年 4月	資生堂	資生堂物流サービス
2008年 9月	タカノフーズ	タカノ物流サービス
2008年12月	トークツ	スミダロジネット
2009年 7月	内田洋行	オリエントロジ
2011年 1月	DIC	DICロジテック
2011年 2月	ホーマック	ダイレックス
2011年10月	シマダヤ	シマダヤ運輸

出所：日立物流のニュースリリース、決算説明会資料

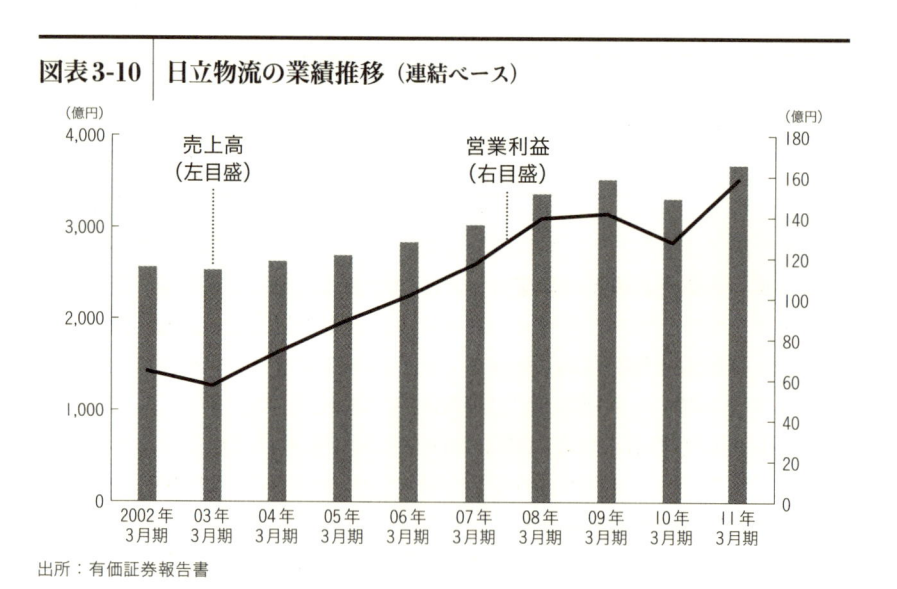

図表3-10　日立物流の業績推移（連結ベース）

出所：有価証券報告書

子会社の買収を通じて当該業界の物流プラットフォームを作るビジネスモデルにより成長している。別の観点から見ると、ノンコア事業の業務改革のあり方として、日立物流のような企業への売却も有力な選択肢となり得よう。

物流機能というコア機能に集中したビジネスモデルの好例であり、競争力のある機能があれば分離独立したビジネスを展開することにより成長発展が期待できることを示している。

第4章

［オペレーション改革］
本社間接業務改革

　本章からはオペレーション業務改革の詳細について説明したい。具体的なオペレーション改革については、それぞれの業務分野ごとに考え方やアプローチが異なるので分野別に説明することとする。順序としては、効率化という観点からみて通常インパクトが大きいバックオフィス業務から始めて、顧客フロント・付加価値業務系へという流れにしている。具体的には以下の順序での説明となっている。

　　第 4 章　　本社間接業務改革
　　第 5 章　　調達業務改革
　　第 6 章　　生産業務改革
　　第 7 章　　ロジスティクス業務改革
　　第 8 章　　サービスオペレーション業務改革
　　第 9 章　　B to B 営業業務改革
　　第10章　　製品開発とマーケティング業務改革
　　第11章　　R&D業務改革

　また、特に効率化のアプローチの説明においては、オペレーション改革の側面だけでなく、内製・外製の判断のように人的資源の持ち方、すなわちキャパシティーの最適化に関わるアプローチも重要であるので、業務分野によってはオペレーシ

ョン業務の効率化とキャパシティー最適化を統合した形で効率化アプローチの説明を行っている。

業務改革の範囲は、業務分野によって意味合いが異なる。本社間接業務であれば改革は内部業務が中心となるが、調達業務やロジスティクス業務のように、当該部門に閉じた業務を論ずるよりも、その業務の対象の効果が重要なケースもある。例えば調達であれば、調達部門の効率化よりも調達部門が対応している調達コストをいかに効率化・適正化するかが重要となる。この場合調達部門自体は、効率化ではなく効果向上のための強化の取組みが重要な論点となる。このように、業務分野の特性に応じて説明する業務改革の範囲も異なっていることに留意いただきたい。

また、業務改革の視点は単なる効率化だけにとどまるものではない。業務の効果向上・付加価値創造についても、業務分野の特性や必要性に応じて説明していくこととする。

Section 1
本社間接業務の構造

オペレーション業務改革の最初として本社間接業務改革について述べたい。売上と直結する業務ではない、いわゆるバックオフィス業務であり、効果が定量的に捉えにくいので、やりすぎなど非効率になりがちな業務である。本章では主に効率化の着眼点とアプローチを中心に説明していきたい。

本社間接業務とは、利益責任を持つ事業部門（プロフィットセンター）の業務遂行の管理と支援を行う業務である。間接業務を担う部門は、経営企画、人事、総務、財務、経理、監査、広報、秘書、システム、法務などで、プロフィットセンターに対比してコストセンターとも呼ばれる（その他、R&D、物流、購買業務も間接業務に分類されることもあるが、本書では個別に取り上げ後述する）。一言で本社間接業務といっても多岐にわたる業務が含まれるが、業務内容は大きく、

①戦略・企画立案業務、②事業管理業務、③事業支援業務、④共通サービス提供業務の4カテゴリーに分類される（**図表4-1**）。

まず、企画立案業務である。全社の戦略・具体施策の企画立案や事業に対する資源配分（ヒト、カネ）の方針を定め、推進や部門間の調整を行う業務だ。経営企画のように経営全般に関わる業務から、人事・システム・財務経理・広報・総務など個別領域の全社取組み方針や資源配分を定める業務が該当する。

次に事業管理業務であるが、事業の業務遂行状況をモニタリング・評価し、経営陣や企画担当に対して報告を行う業務である。決算などの収支や財務状況から営業や生産などの事業活動のモニタリング・評価など、管理内容は幅広い。

また、これらの業績管理や評価のための仕組み・ルールの整備なども管理業務には含まれる

事業支援業務は、法務・知財、システム、財務・会計・経理、人事、総務などの専門知識に基づき、事業部門や他間接部門に対し、助言、機能・サー

図表4-1　本社間接業務の構造

	経営企画	秘書	広報IR	財務	経理	人事	IT	内部監査	総務
企画業務	✓		✓	✓	✓	✓	✓	✓	✓
事業管理	✓			✓		✓	✓	✓	
事業支援 （専門サービス）			✓	✓		✓	✓		
共通サービス		✓			✓	✓	✓		✓

出所：A.T.カーニー

ビスを提供する業務である

そして、共通サービス提供業務は、高度な戦略判断は不要だが、様々な事業を運営するにあたって不可欠な業務を事業部門に代わって行う業務である。経理支払い処理、給与計算、各種庶務業務、会社施設や福利厚生制度の運営管理など様々な機能・サービスを提供している

Section 2
業務改革の必要性と陥りがちな罠

本社間接業務をめぐる環境は厳しい。事業収益の悪化に合わせた効率化が迫られる一方で、会計制度の変更、経営管理の高度化や経営のグローバル化への対応など、業務そのものの複雑化・高度化も進んでいる。したがって、既存の共通サービスや経営管理業務の徹底した効率化で新たな業務への対応余力を生み出すと同時に、戦略立案や事業支援などの付加価値を従来以上に高める業務改革に取り組む必要がある。しかし、現実的には、本社間接部門は余剰人員の受け皿的な部分もあり、無駄や非効率はわかっているが、余剰人員を浮き彫りにしかねない本社間接部門の業務改革には踏み込まない、という企業も多い。

本社間接部門の業務改革の先送りは、会社のコスト競争力を下げるばかりか、本社間接部門が生み出す無駄な業務が、事業運営そのものの効率までも下げかねない。また、あるべき間接部門のサイズが曖昧な状況では、中長期の要員計画の策定もままならない。余剰人員対策と本社間接部門のあるべき業務のあり方の検討は明確に切り離し、本社間接部門の業務改革は着実に進め、余剰人員対策については、本社間接部門での受け入れ以外のオプションも含め、中長期の目線で検討していくことが大切である。

ここで、間接業務において陥りがちな罠について少し述べてみたい。具体的には、やりすぎ、属人化、業務の抱え込み、丸投げ、過剰配置、組織の細

図表4-2 | 本社間接業務の罠

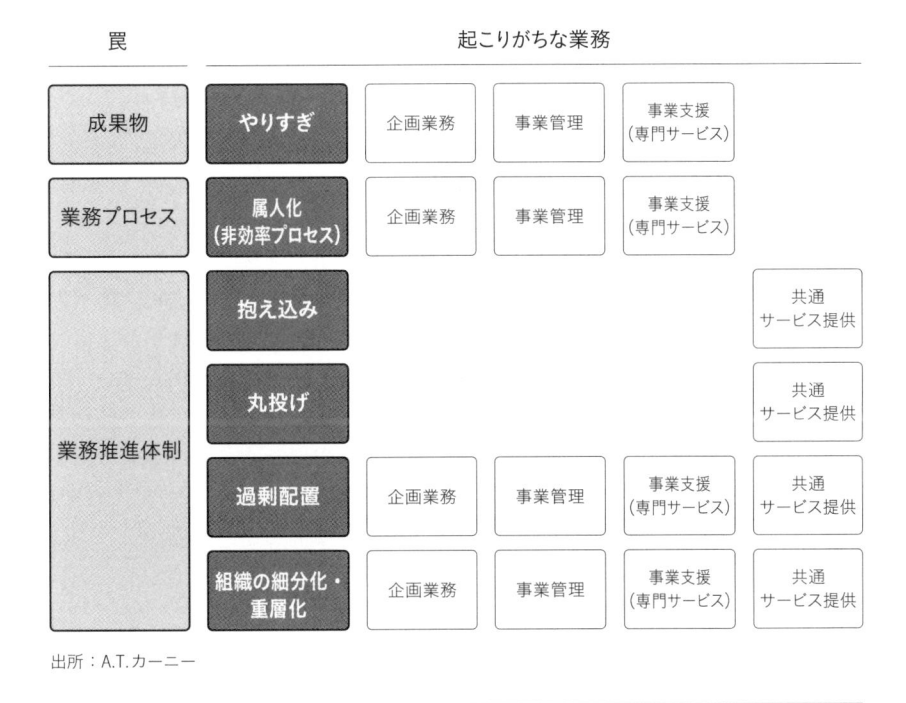

罠	起こりがちな業務				
成果物	やりすぎ	企画業務	事業管理	事業支援(専門サービス)	
業務プロセス	属人化(非効率プロセス)	企画業務	事業管理	事業支援(専門サービス)	
業務推進体制	抱え込み				共通サービス提供
	丸投げ				共通サービス提供
	過剰配置	企画業務	事業管理	事業支援(専門サービス)	共通サービス提供
	組織の細分化・重層化	企画業務	事業管理	事業支援(専門サービス)	共通サービス提供

出所：A.T.カーニー

分化・重層化の罠について説明することにする。間接業務改革においてこれらは、効率化阻害要因としてまず確認すべきポイントであろう（**図表4-2**）。

罠①／やりすぎ

　本社間接業務が提供するサービスの受け手の大半は社内顧客で、最終顧客に対して提供される製品・サービスとは直接関係しない。社内顧客は、受けるサービスの費用を直接意識しにくいため、サービスレベルの必要性の判断が緩くなる。これに、間接部門の「目に見える成果物がないと、社内で評価されない」という思いが加わることで、間接業務のサービスレベルは自然と

高まり、一度始めた業務を打ち切ることも難しくなる。結果、間接業務は"やりすぎ"となり、誰も見ない報告資料などの受け手のないようなサービスに貴重なリソースが投入され続ける。間接部門業務は他部門との関係が深く、間接部門業務のやりすぎが会社全体の生産性にまで悪影響を及ぼすために、注意が必要である。

罠②／属人化（ブラックボックス化）

本社間接業務、とりわけ戦略企画や業績管理、事業支援業務に携わる社員の数は、営業や生産業務に比べると少なく、業務プロセスを明文化・標準化して組織内で共有する必要性が低い。その結果、業務に携わる特定の社員のみが業務の進め方やポイントを受け継いでいく、という業務の属人化とブラックボックス化が起こる。この業務の属人化・ブラックボックス化が進むと、業務効率の改善は当該部門の自助努力に頼らざるを得なくなる。第三者による牽制が効かないため、非効率なプロセスが放置されるだけでなく、業務の誤りや不正の発見も難しくなり、リスク管理の面でも問題となる。

罠③／業務の抱え込み（何でも内製）

間接業務のうち、共通サービス業務や事業支援サービス業務は、業務の特殊性が小さいため、同様業務を提供する外部の専門業者が多い。これらの専門業者は業務ノウハウの蓄積に加え、規模のメリットが効くため、業務効率が高いことが多い。しかし、費用対効果を意識しにくい間接部門では自前主義に陥り、外部活用による効率化機会の十分な活用が進まないという罠に陥っているケースがよくある。

罠④／丸投げ

罠③とは逆に、外部への過度の依存も非効率につながる。長い間、外部に委託されてきた業務では、担当者の異動などの結果、業務の詳細が把握されないまま、委託先に丸投げされているケースがある。丸投げが進むと、委託

業務の効率や委託費用の妥当性を検証できなくなるため、業務効率化は受託企業の自主的取組みに任せるしかなくなる。こうなると前述のブラックボックス化と同様、業務効率の改善は難しくなる。

罠⑤／過剰配置

　間接部門では、生産性が意識されず、業務遂行に必要とされる人数やスペックを超える人員が配置されがちだ。間接部門が余剰人員の受け皿として意図的に余剰人員を受けていることもあるが、意図しない過剰配置も多い。業務の平準化が不十分なまま、ピーク時の業務量に合わせた要員体制を組んだ結果、閑散期には多くの人が手空きとなっている、というのが、意図せざる過剰配置の典型例だ。また、担当業務の難易度や付加価値の棚卸しを行っていないために、正社員や管理職が付加価値の低い作業ばかり行っている、という人員スペックの過剰も起こりがちである。

罠⑥／組織の細分化・重層化

　本社間接部門はミッションが多様かつ曖昧なため、組織が乱立しがちである。組織が増えるごとに管理職が増え、庶務業務も増える。組織の増加は、ミッションや業務の重複・抜け漏れや組織間調整などの内向きの業務負荷の増加と官僚主義の蔓延につながる。その結果、重要な意思決定が遅れるのだ。また、細分化された本社部門は、それぞれが事業部門に指示を出す、あるいは、報告を要請するため、受け手の事業側の混乱と業務効率低下を引き起こす。

Section 3

業務効率化の
アプローチ

　業務効率化のアプローチには複数の視点が求められる。従来、業務効率化というと、プロセスの改善に主眼が置かれがちであったが、それだけでなく、業務の成果物の付加価値の確認、資源配分としての最適化、内外製の判断、組織論的な改革の視点など様々な角度からの検討が不可欠である（**図表**

図表4-3　本社間接業務の罠と効率化アプローチ

	罠	効率化アプローチ	
成果物	やりすぎ	成果物の見える化と再定義	費用対効果
業務プロセス	属人化（非効率プロセス）	プロセスの見える化と効率化	プロセス効率化
業務推進体制	過剰配置　抱え込み・丸投げ	業務遂行状況の見える化と資源配分の最適化	費用対効果
		内外製の判断	組織／費用対効果
	組織の細分化・重層化	組織の大括り化	組織

出所：A.T.カーニー

4-3)。

成果物の見える化と再定義

　間接業務の効率化の第一歩が、成果物の再定義である。前述のとおり、間接業務の"やりすぎ"により、誰も見ていない業績管理資料、細かな社内規定・ルール、受け手のニーズを超えた詳細アドバイス（事業支援業務）など、受け手が必要としない成果物が間接部門では日々生み出されている。これらの無駄な成果物を紐解いていくと、これまで必要性や意味合いを受け手と検討することもなく、担当レベルで延々と引き継がれてきたものだった、ということが判明することが多い。

　したがって、受け手視点での成果物の見直しが"やりすぎ"の抑制の第一歩となる。各間接部門が作成している成果物の内容や頻度を洗い出し、その必要性・妥当性を受け手部門に評価してもらう。この過程では、成果物の無駄の指摘に加え、追加要望も確認し、受け手のニーズに合うように成果物を再定義する。そのためには、間接部門が事業部門や他部門を顧客として捉え、自らの成果物が顧客の業務にどのような付加価値を与えているのかを常に考えるような意識を醸成することが何よりも重要である。

　これらの一連の取組みをより組織的に行おうとするのが、間接業務におけるサービスレベルアグリーメント（SLA）の策定と合意だ。SLAには、サービス概要とサービスレベルに加えて、そもそもの提供価値の考え方や顧客（事業部門、他部門）側の遵守事項や機能改善に向けた取組事項などの間接部門と顧客部門との合意事項が記載される。このSLA策定の過程で行われる顧客部門との対話を通じて、間接部門の意識改革と事業部門とのパートナーシップが醸成される。

業務遂行状況の見える化と資源配分の最適化

　投入資源の最適化には、所属員の業務の遂行状況の見える化が不可欠だ。とりわけ、定型的作業が多い共通サービス業務や経営管理業務など、成果物が比較的わかりやすい支援業務では、それぞれの成果物を生み出すのに必要

な経営資源(人・時)を把握しやすいので、業務量に応じた必要要員数の算出が比較的容易だ。この必要要員数と実際の要員数をつき合わせることで、要員の過不足の実態が明らかになる。更に、繁忙期や閑散期の稼働状況の差や社員のランク別での分析により、詳細な要員の過不足状況を明らかにしていくことも可能だ。

様々な業務で要員の過不足状況を見ていくと、業務量のムラが大きい、あるいは、多様な業務を行わなくてはいけない場合に、要員の過不足が発生しやすいことがわかる。業務量のムラが原因の場合には、要員を固定化せず変動化するか、業務そのものを平準化してムラをなくす。一方、対応すべき業務の種類が多いことが原因の場合には、多能工化を進めて1人ひとりの稼働率を高めることが経営資源最適化のカギとなる。

プロセスの見える化と効率化

前述の成果物、投入資源の最適化に加え、業務プロセスそのものの効率化

図表4-4　業務プロセスの効率化の視点

業務プロセスが抱える非効率	プロセス効率化の視点
属人化 ばらつき	標準化
作業・確認重複 ボトルネック	清流化ムダ作業除去、 ボトルネック解消による手待ちのムダ解消
手作業	IT化 作業自動化・生産性向上

出所:A.T.カーニー

も行う。プロセスの効率化は、プロセスの可視化の後、標準化（ばらつきの是正）、清流化（ムダの排除）、IT化（自動化）の視点で検討する（**図表4-4**）。

間接業務では、明確な作業手順書などが整備されていないものも多いため、プロセスの効率化に向けては、まず、各業務で行う具体的な作業の中身と各作業へのインプット、アウトプット、実施スケジュールなどを書き出していくことから始める。担当者ごとにやり方や作業の手順が異なることも多いので、手順の書き出しは担当者ごとに行う。そのうえで、最も効率的な標準プロセスを定め、個人のばらつきをなくす（標準化）。そして、標準プロセスの流れを阻害しているボトルネックの解消や作業の省略などのプロセスの清流化とIT活用による自動化などを検討し、より効率的な標準プロセスを設計する。

前述のとおり、業務のムラは非効率につながることから、1つひとつの業務プロセスを効率的にしていくと共に、全体の業務の実施タイミングを調整し、業務を平準化するようなスケジューリングを行うことも、プロセス効率化の有効なアプローチである。

内外製の判断

陥りがちな罠で述べたように、業務の抱え込みや、外部業者への丸投げは、非効率を引き起こす。業務を自社で行うか外部の専門業者に委託するかを定める内外製の判断も業務効率化では重要となる。これはキャパシティー最適化の視点でもあり、業務処理キャパシティー（人員）を内部で持つのか、外部で持つのか、を判断する視点である（**図表4-5**）。

間接業務の内外製の判断は、業務を外部に出してよいかの判断から始める。会社経営の根幹に関わる戦略的に重要な業務や事業運営に密接に関わる業務を除いたものが外部化の検討対象業務となる。

そのうえで、外部の専門業者に委託したほうがより効率的（＝安く）に業務を行えるのかどうか、という経済合理性と、信頼して委託できる外部の専門業者があるか、という実現可能性の視点から外部化の判断を行う。

外部を活用するにあたっては、委託の条件と成果物などを明記したSLA（＝サービス・レベル・アグリーメント）を結ぶ。外部に委託する業務こそ、そのプ

図表4-5　業務の内外製判断

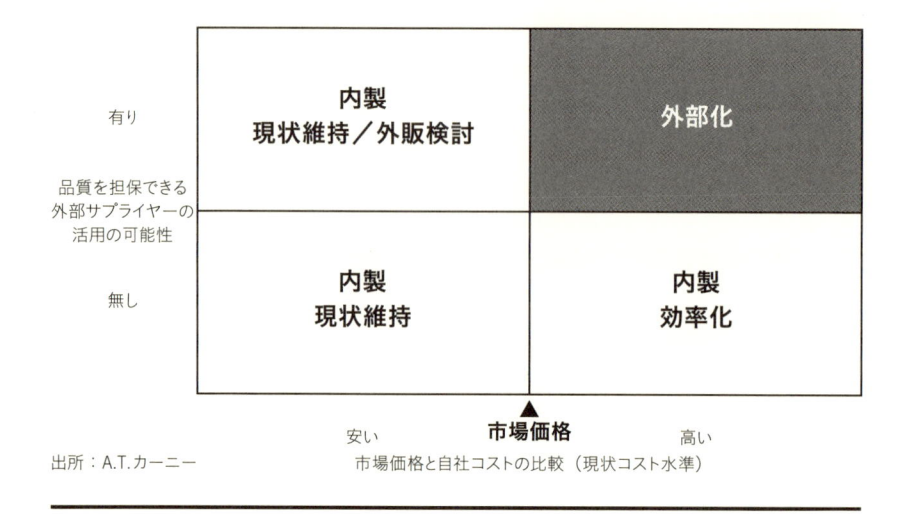

	安い　　市場価格　　高い	
品質を担保できる外部サプライヤーの活用の可能性　有り	内製 現状維持／外販検討	外部化
無し	内製 現状維持	内製 効率化

市場価格と自社コストの比較（現状コスト水準）

出所：A.T.カーニー

ロセスや費用構造をしっかり理解し、ブラックボックス化しないような委託管理体制とスキルを維持することが重要となる。

組織の大括り化

　組織の細分化を抑制するには、管理職のスパン・オブ・コントロール、すなわち、管理職1人当たりの管理要員数に基づく組織規模の検証と大括り化が有効だ。

　管理職がプレーヤーとして分析・企画立案や調整・交渉業務を担わなければいけない特殊かつ難易度の高い業務を除き、管理業務については、組織要員数を1つのメルクマールとして管理範囲を定め、組織を大括り化していくのだ。また、明らかに業務の内容が異なるため、同一組織とすると外部から組織の業務内容がわかりにくくなるなどの弊害が考えられる場合には、組織を残したうえで管理職を兼務させ、管理職の頭数の増加は抑える。

　なお、組織の解消には、その理由づけや組織員の理解・納得の醸成にそれ

なりのパワーを要する。それが期間限定の時限立法的な組織であってでもある。したがって、期間限定の時限立法組織を立ち上げる際には、ミッションと解散時期を立ち上げ時に明確にし、周知徹底すると共に、厳格に組織を解散させていくことが重要となる。

Section 4

外部を活用した更なる展開

　これまで間接部門のスリム化策として、一部業務のアウトソーシングや共通サービス業務を担うシェアードサービス子会社の設立などの策がとられてきた。このシェアードサービス子会社の多くは、親会社向け業務・機能提供を主眼とした100％子会社のコストセンターとして運営されている（外販にチャレンジしたが失敗に終わり、その結果、コストセンター化された子会社も多い）。しかし、親会社向けサービスだけを提供し続けるシェアードサービス子会社の運営は、目標設定やモチベーション維持などの面から難しい。加えて、共通サービス業務に特化した専業者に、ノウハウ・規模両面で及ばず、業務効率の優位性の実現も難しいのが現実だ。その結果、シェアードサービス子会社はグループ連結の人員スリム化、業務の効率化のいずれにおいても中途半端な取組みにとどまり、将来展望を描きにくくなりつつある。

　そういった状況を受けて拡がりつつあるのが、間接部門の一部、あるいは、シェアードサービス子会社の専業者への事業の譲渡・売却だ。事業譲渡・売却には2つのメリットがある。1つは、真の意味での業務の選択と集中、スリム化が実現することだ。もう1つは、譲渡先のノウハウ・規模・ネットワークを活かした効率化や機能強化、そして、単独では難しかった外販への取組みが可能となることだ。

　この部門／事業譲渡の手法は欧米では既に一般的だが、最近、日本でも物流、施設管理、総務・人事・経理領域において取組みの実績が出始めている。

Section 5
本社間接業務効率化事例

　ある機器メーカーでは、急成長を遂げたが、これまで、本社間接部門の業務の整備に着手してこなかったため、業務の成果物やプロセスが曖昧なまま、業務が属人化し、業務の遂行状況や効率性が外からは見えにくくなっていた。一方、今後の成長の鈍化が見込まれる中、非効率に陥りつつあった本社間接部門の改革が不可欠な状況となっていた。
　このような状況下、経営企画主導で本社間接部門の改革に着手し、まず、ブラックボックス化した業務の見える化に取り組んだ。各担当が行っている業務の成果物、必要作業と所要時間、投入人員（工数）を詳細に調査し効率化余地を洗い出した結果、大きいものから、①過剰配置（▲10％の効率化余地）、②やりすぎ（▲5〜10％）、③属人化した非効率プロセス（▲3〜5％）の効率化余地を見出した。

①過剰配置（▲10％）
　あらゆる部門で見出された最も大きな余地。必要業務量や実際の稼働実態を把握しないまま、各部門の増員要請を認めてきたため、業務量から必要な数を上回る要員が配置されていたことがわかった。

②やりすぎ（▲5〜10％）
　業績管理部門、法務・コンプライアンス部門などで見られた余地。各部門の成果物を受け手の視点で再チェックをした結果、存在が知られていない業績管理資料や必要以上のコンプライアンスチェック・報告の徴集など、受け手のない業務が多数洗い出された。これらのやりすぎの業務の是正で大幅な業務削減が可能と判明した。更に、受け手（事業部）の報告業務が軽減されることで、受け手の生産性の改善にも貢献すると想定された。

③非効率プロセス（▲3〜5%）

　財務・経理などの定型的処理を行う部門で見られた余地。属人的に作られた集計フォーマットや手入力・計算など様々な非効率な処理が見出された。また、多くの承認を要する社内承認プロセスも承認プロセスを大幅に圧縮することで、承認に関わる手間と時間を大幅に削減できることがわかった。

　この事例に見られるように、間接部門の非効率の要因は、過剰配置と業務のやりすぎが大きい。しかし、業務改革というと、業務プロセスの抜本見直しとそれを支えるシステム開発が中心、という誤解が多い。もちろん、抜本改革の効果はあるが、相応のシステム投資と時間がかかる。これらの取組みと併せて、過剰配置ややりすぎの抑制の視点での検討を忘れないようにしたい。

注：複数の事例をもとにありがちな事例を作成

第 5 章

[オペレーション改革]
調達業務改革

　調達業務とは、企業活動で必要な財やサービスを確保することである。定義は簡単に聞こえるが、調達業務が担う具体的な範囲や求められる役割は広範かつ多様である。ここで少し調達業務の概要について説明しておきたい。
　まず認識すべきは、調達コストが企業の総コストにおいて高い比率であるということである。調達コストとは、企業が外部から調達している財やサービスに対するコストであり、その総額は、企業の総コストから、税金や内部人件費などを除いたものになる。一般に調達コストは、企業の総コストの5〜8割程度も占めている。企業収益を確保するうえでは、コストマネジメントが重要であるのは言うまでもないが、コストマネジメントの最大の対象は調達コストであり、企業経営において大きな意味合いを持つ。内部に自社の人材や設備を抱え、付加価値の比率が高い製造業などの場合でも、多くの外部の企業から原料や部品、サービスなどを購入しているのが一般的で、調達コストの比率は総コストの5〜7割程度である。また、流通業態であれば、その比率はより高くなり、8割に近いものもある。
　また、調達業務は多様な役割が求められている。調達業務とは、企業活動で必要な財やサービスを確保することであると述べたが、もう少し分解して考えてみると、安定的かつ経済的に社会的に認められた方法で確保することと言える。このため、取引先の経営の健全性や、取引の価格や条件の妥当性、社会的ルールの遵守などを確認したうえで調達を行うことが求められる。

また、近年、重要になってきている役割としては事業パートナーとしての取引先の開拓・育成と、これを通じた自社製品やサービスのイノベーションへの貢献、すなわち、企業の成長戦略への積極的な関与も期待されてきている。
　そして、前述のような多様な役割を実現するためには、広範囲の業務プロセスと連携をとっていくことが必要となる。研究開発・設計・生産から物流・販売まで、社内の多くの部門との機能横断的な取組みが求められている。また、社内部門に限らず、外部の取引先との連携も必要で、社内の業務プロセスと外部の取引先の業務プロセスを一気通貫する視点が求められる。
　調達業務が担う範囲や求められる役割が広範かつ多様であることを理解いただけたであろうか。調達業務における業務改革を考えるうえでは、業務自体の「効率」を上げていくことももちろん重要だが、このような広範かつ多様な役割を充足したうえで、十分な経営インパクトを生み出しているかどうかという「効果」の視点がより重要と考えられる。したがって、本章では、調達の効果をいかに高めるかという視点で調達業務を考えてみることにする。

Section 1
調達業務の構造

　最初に広範かつ多様な調達業務の概要を紹介したが、ここで、調達業務の内容を分解して調達業務全体を体系的に捉える枠組みについて説明したい。**図表5-1**はA.T.カーニーの「調達の家」(House of purchasing & supply) と呼ばれるものである。ご覧のとおり、家の形をしているので「調達の家」となっている。この家は8つの部屋からなるが、大きく分けると上層階、中層階、低層階の3つに分けられる。上層階は戦略的な方向性に関わるもの、中層階は価値を提供するプロセスに関わるもの、低層階は調達を支えるインフラに関わるものである。この3つの階層ごとに調達の業務内容を見ていくこととしたい。

図表5-1　調達業務の8つの要素

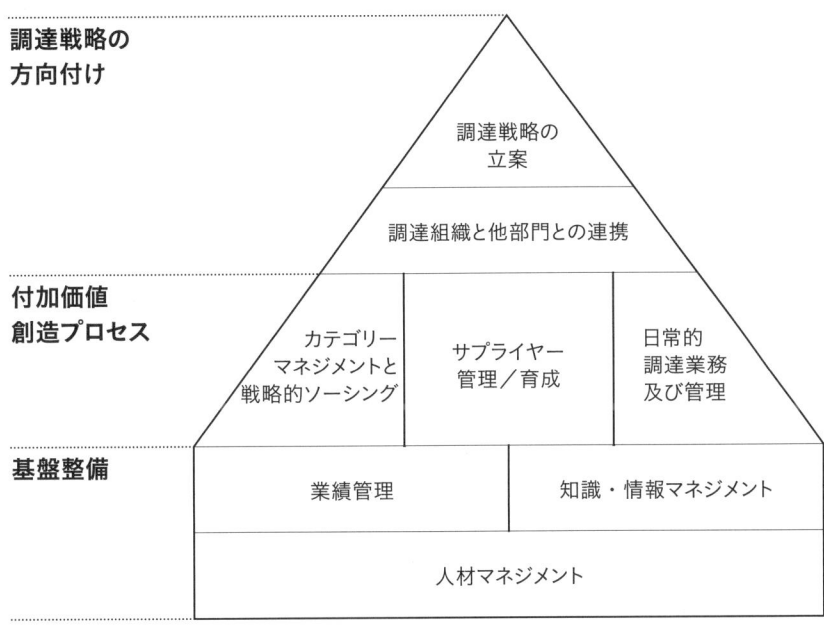

調達戦略の方向付け
- 調達戦略の立案
- 調達組織と他部門との連携

付加価値創造プロセス
- カテゴリーマネジメントと戦略的ソーシング
- サプライヤー管理／育成
- 日常的調達業務及び管理

基盤整備
- 業績管理
- 知識・情報マネジメント
- 人材マネジメント

出所：A.T.カーニー

調達戦略の方向付けに関する業務

「調達の家」の上層部分に対応するもので、調達戦略の方向付けに関する業務である。2つの部屋があるが、「調達戦略の立案」と「調達組織と他部門との連携」が要素となる。

「調達戦略の立案」に際しては、企業戦略との整合が重要となる。成長段階においては新規サプライヤーの開拓や確保が重要な目標となり、成熟段階ではサプライヤーポートフォリオの最適化が重要となるなど企業の成長ステージ、戦略の方向性に沿った調達戦略の策定と見直しが求められる。

一方で、調達戦略を実行するための組織体制の整備と社内他部門との連携に関する業務も重要な要素である。調達機能を社内でどのように配置するか、他部門とどのように協業を図るかなどを具体化する業務である。調達する材やサービス、連携する機能部門（研究開発や設計・製造など）、事業、地域など、様々な観点から、組織体制と連携プロセスを最適化していくことが求められる。

付加価値創造プロセスに関する業務

　「調達の家」の中層部分に対応するもので、調達における付加価値を創造する実際的な業務である。調達部門にて定常的に行われている業務であり、3つの要素——「カテゴリーマネジメントと戦略的ソーシング」「サプライヤー管理／育成」「日常的調達業務及び管理」がある。
　まずは、「カテゴリーマネジメントと戦略ソーシング」について説明したい。カテゴリーマネジメントとは、調達品目ごとの調達方針を策定し、管理していくことである。自社の需要動向や事業への重要性など社内の状況と、調達市場の動向、構造、競合状況など外部環境を見据えたうえで調達品目ごとの調達方針の策定や実施管理をしていくものである。戦略的ソーシングとは、上記の調達方針を踏まえ、既存や新規のサプライヤーから最適な取引条件を獲得するための活動である。戦略的ソーシングの具体的な成果の1つはコスト削減であり、調達業務の経営貢献としては最もわかりやすく、また、経営からの期待も大きいものと言える。
　次に「サプライヤー管理／育成」である。ある調達品目について、サプライヤーを容易に変更できない場合には、サプライヤーとの関係を中長期的な観点で最適化することが必要となる。調達品目の重要性やサプライヤーのパフォーマンス、調達市場の状況に応じて、サプライヤーの開拓・育成の計画が求められる。また、サプライヤー内部の業務プロセスに踏み込んだ協業のあり方や、自社に対する付加価値提案などのサプライヤーに期待する価値など、サプライヤーとの関係を再定義する傾向が出てきている。
　「日常的調達業務及び管理」は、いわゆる調達における手配業務や検収業務が該当する。かつての調達というと、手配業務を指すことがあったが、現

在では、サプライヤーとのITシステムによる取引が進み、合理化されている分野である。効果的な調達業務を目指すためには、この「部屋」に配置する経営資源を最小限にして、他の7つの「部屋」に十分な経営資源を投下することが重要となる。

基盤整備に関する業務

　下層は調達業務を支えるインフラである。3つの要素――「業績管理」「知識・情報マネジメント」「人材マネジメント」がある。

　「業績管理」は、調達業務の実施状況と結果を測るための業務であり、調達戦略やカテゴリーマネジメントで設定される方針及び目標に対する成果を把握する。成果には結果指標とプロセス指標の2つがあるが、プロセス指標まで踏み込んだ業績管理が業務を改善するうえでは有効である。具体的にはコスト削減効果などが結果指標に該当するものだが、これ以外に、調達コストの総額における調達部門の関与度や戦略的ソーシング活動の対象となったコストの総額・契約件数、他部門横断的な取組などの状況もデータとして可視化しておくことが重要である。

　次に「知識・情報マネジメント」である。調達戦略や、カテゴリーマネジメントの第一歩は現状を定量的に把握することである。また、現状を把握したうえで、課題の特定・解決を行うことになるが、そのためには調達に関わるノウハウの集積が必要となる。従来は、手作業で属人的なやり方により対応している例も散見されていたが、近年ではITツールやプロセスの標準化が進んでいる。

　さらに「人材マネジメント」が重要な業務の要素である。調達業務の範囲が単なる手配業務から、自社とサプライヤーからなる業務プロセス全体を最適化するような業務にまで拡大していく中で、調達部門員に求められるスキルが多様化している。特に、近年では部門横断的な取組が活発化するにつれて、調達に関する技術的なスキルに加えて、対人リーダーシップスキルが多く求められるようになってきており、人材マネジメントは不可欠な要素と言える。

Section 2

調達業務における検討視点と陥りがちな罠

「調達の家」のフレームワークに従い、調達業務に求められる8つの要素を見てきたが、調達業務からより大きな経営インパクトを引き出すための検討視点と多くの企業で陥ってしまっている状況を考えていきたい。

ターゲットとなる効率化対象は調達コスト

調達コストは総コストに対して大きな比率を占めているため、調達業務自体の効率性を議論することよりも、調達業務が対象とする調達コストの最適化を通した調達業務の効果性を議論することが企業の経営にとっては重要となる。このため、まずは、企業の調達コストに対して、調達部門がどれほど関与できているか、再確認することが重要である。

欧米の調達の先進企業では、調達部門が全調達コストの9割以上を管理している。日本の一般的な企業の場合、調達部門の管理対象は原材料など、いわゆる直接材に限られる場合が多く、対象拡大の余地がある。

拡大対象となる間接材のうち、物流、広告・販促、情報システム、各種設備・施設については専門部署が別途、存在する場合もあるが、原材料などに対して調達部門が厳しく取り組んでいる調達手法が必ずしも間接材には十分に適用されていない例も多い。このため、調達コスト全体に対して調達部門が社内の各部門で行われている調達プロセスと実績をモニタリングし、必要に応じて他部門の中へ入っていくような協働プロセスの構築が有効である。

付加価値創造機能と定型業務処理機能

調達業務のみを見るのではなく、調達コストを含めた効果性を考えよ、というのが前述のポイントだが、調達業務自体を見る場合には、調達業務の提

供価値を再確認しておく必要がある。調達業務の提供価値はS+QCD、すなわち、企業戦略への貢献（S）と調達財・サービスの品質（Q）・コスト（C）・納期（D）である。

　S+QC（戦略、品質、コスト）は調達業務の中でも付加価値が高いものである。しかしながら、「①企業戦略の中で調達部門の位置づけが低いため他部門との協働が十分でなく、全体最適な調達活動が限定的」「②サプライヤーからの提案の活用が十分でなく、自社製品のコストや品質の改善に反映できていない」「③戦略的ソーシング活動が十分でなく、コストが高止まっている」などの実態が散見される。このため、S+QCに関わるものについては、効率化よりも強化の視点で見直すことを薦めたい。強化の視点で見直すことにより、前述のような調達コストを含めた最適化や、事業の成長戦略につながるような貢献が可能となる。

　D、すなわち手配業務については、現在では、システム化なども進み業務の効率化がなされているのが一般的だが、調達部門の要員配置において多くの人員が手配業務に配置されているのであれば、検討が必要である。ただし、手配業務が人海戦術的になされている場合でも、その原因は上流工程にあることが多いので留意が必要だ。販売見込みや生産計画の精度が低いことや頻繁な変更によって皺寄せを受けるのが手配業務なので、手配業務の効率化に際しては製販連携プロセスの見直しなど、より本質的な課題解決が求められる場合が多い。

アウトソーシングの罠

　調達業務をアウトソーシングする企業も増えてきているが、どこまでをアウトソーシングの対象とするかについては配慮が必要である。直接材は一般に企業の競争力の源泉であるため、アウトソーシングにはあまり馴染まないが、定型処理的な手配業務について負担が大きいのであれば、手配業務に限ってアウトソーシングを検討することもあり得る。

　間接材については、多くの企業で、十分な調達的な取組みができていないこともあり、自社内で体制を整備する代わりにアウトソーシングを検討する企業もあるだろう。ただし、このような場合でも、丸投げになって、ブラッ

クボックス化しないような工夫は必要である。

　一般に、間接材は、全社で何を、どれだけ、どこから、いくらで買っているのかわからない状況であることが多い。このような状態のままでアウトソーシングすることは非常に危険なので留意が必要である。調達実態がわからないままアウトソーシングする場合の工夫としては、調達実態の可視化を含めてアウトソーシング先に委託し、必要に応じて仕様、数量、単価水準などの情報を取ることで、アウトソーシングの効果が計測できるようにすることが望ましい。

バリューチェーン一気通貫の視点

　企業のバリューチェーン（価値連鎖）の中での調達業務の位置づけを考えてみると、研究開発や設計などの上流工程に対して、下流工程として扱われている場合が多い。この順番自体には異論はないのだが、調達の前工程で調達の関与なく調達仕様が決まってしまうと、調達コストを最適化することが難しくなり、大きな効率化の余地を逃してしまうことになる。全てが決まってからでは遅すぎるのである。このため、上流工程において調達仕様を決める際には、調達部門の参画が極めて重要である。調達部門が上流工程へ関与し、調達仕様を最適化するやり方を開発購買と呼ぶ。

　調達部門はサプライヤーの窓口であり、サプライヤー内部の業務プロセスや、市場環境を把握する立場にある。このため、社内のバリューチェーンのみならず、社外のバリューチェーンも含めた最適な調達方法を調達部門は検討することが可能で、開発購買による貢献は極めて大きい。また、開発購買により、内製・外製の判断の最適化も期待できる。

　このように開発購買はいいことずくめなのだが、ポイントは調達部門が社内と社外のバリューチェーンの接点として、巨視的な視点での最適化提案ができるか否かである。そのためには、サプライヤーからのアイデアの吸い上げを日常的に行えるように、調達側とサプライヤーが一体となった関係性を構築しておくことが重要で、サプライヤー管理（SRM：Supplier Relationship Management）の強化が必須となる。

Section 3

業務改革の
アプローチ

　まずは、マクロな視点（業務コスト＋調達コスト）でのパフォーマンス評価から説明したい。調達業務改革に際しては、企業全体における調達業務の広さと深さを把握することから始めることがポイントである。A.T.カーニーはAEP（Assessment of Excellence in Procurement）という調達業務のベンチマーク診

図表5-2　検討アプローチ①AEPによる調達プロセスのベンチマーク評価

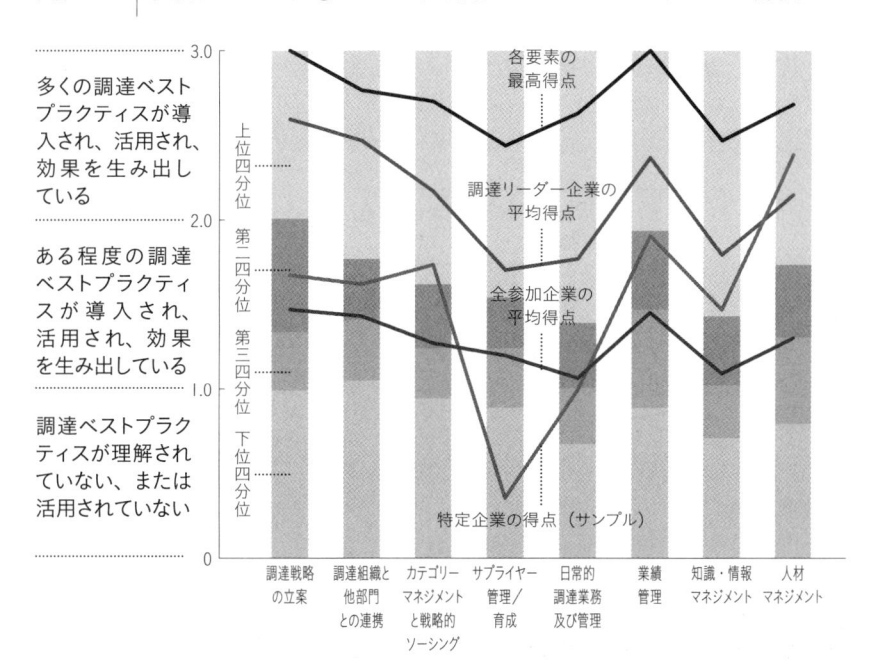

縦軸：
- 3.0　多くの調達ベストプラクティスが導入され、活用され、効果を生み出している（上位四分位／第二四分位）
- 2.0　ある程度の調達ベストプラクティスが導入され、活用され、効果を生み出している（第三四分位）
- 1.0　調達ベストプラクティスが理解されていない、または活用されていない（下位四分位）

凡例：各要素の最高得点／調達リーダー企業の平均得点／全参加企業の平均得点／特定企業の得点（サンプル）

横軸：調達戦略の立案／調達組織と他部門との連携／カテゴリーマネジメントと戦略的ソーシング／サプライヤー管理／育成／日常的調達業務及び管理／業績管理／知識・情報マネジメント／人材マネジメント

出所：A.T.カーニー

断を行っている。AEPは1992年に初めて実施され、数年おきに改定を進め、直近では2011年に8回目の調査を全世界的に実施している。「調達の家」のフレームワークに従い、1,000項目ほどの調達業務の現状に関する回答をもとにして、各社の調達業務の水準を評価するものである。

図表5-2に診断事例を示した。世界的な企業との比較を通じ、「調達の家」の8つの視点の中で強化ポイントがどこにあるのか特定が可能だ。また、具体的な質問項目に対して、調達先進企業の状況と平均的な企業の状況、自社の状況などを比較できるため、改善の具体的な着眼点として活用できる。

また、AEP調達ベンチマーク診断では、調達部門の費用対効果を評価するROSMA©（Return on Supply Management Asset）指標も算出可能にしている。

図表5-3　検討アプローチ②ROSMA©による調達業務の費用対効果評価

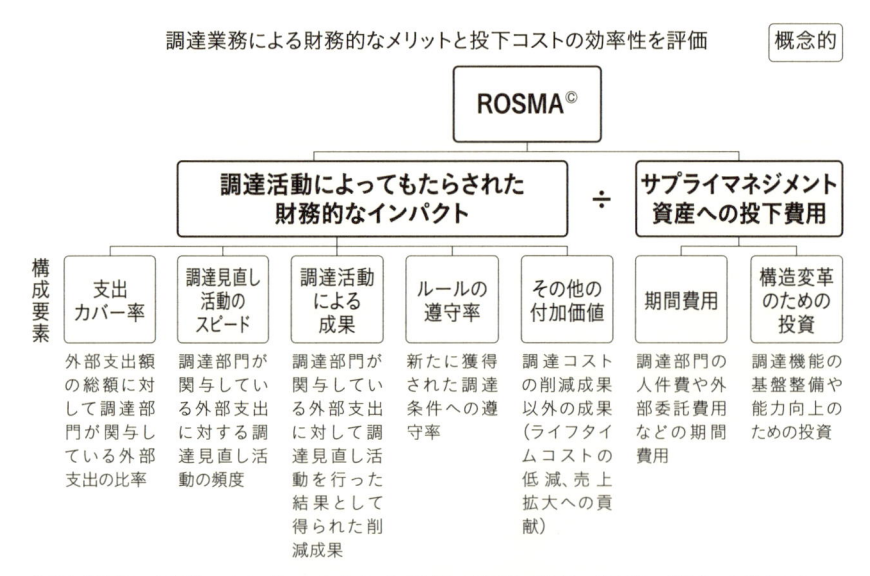

調達業務による財務的なメリットと投下コストの効率性を評価　［概念的］

ROSMA© ＝ 調達活動によってもたらされた財務的なインパクト ÷ サプライマネジメント資産への投下費用

構成要素：

- **支出カバー率**：外部支出額の総額に対して調達部門が関与している外部支出の比率
- **調達見直し活動のスピード**：調達部門が関与している外部支出に対する調達見直し活動の頻度
- **調達活動による成果**：調達部門が関与している外部支出に対して調達見直し活動を行った結果として得られた削減成果
- **ルールの遵守率**：新たに獲得された調達条件への遵守率
- **その他の付加価値**：調達コストの削減成果以外の成果（ライフタイムコストの低減、売上拡大への貢献）
- **期間費用**：調達部門の人件費や外部委託費用などの期間費用
- **構造変革のための投資**：調達機能の基盤整備や能力向上のための投資

調達部門の活動により生み出された効果と調達部門の運営に関わる費用や投資を比較し、費用対効果の観点から効率性を評価する

出所：A.T.カーニー

図表5-3はROSMA© 指標の考え方であるが、ご覧のように調達業務の効果とそのための投資や費用などを把握することによって評価するものである。

ROSMA© 指標の分子としては、調達部門がカバーする調達コストの総調達コストに対する比率、調達見直し活動のスピード・頻度、各調達カテゴリーでの改善成果、獲得した調達条件への遵守率、ライフサイクルコスト低減やその他の調達活動の効果に関わる項目がある。また、分母としては、人件費や外部委託費用などの期間費用やシステム投資など一時的な構造改革コストなど効果を生み出すために投じたコストに関わる項目がある。これにより、調達業務の効率を捉えることができる。

AEP2011調査によれば、調達業務の費用対効果を示すROSMA© 指標は調達の先進企業とその他の一般企業で大きく異なる。調達の先進企業の平均値で7.3、その他の一般企業の平均で4.6と報告されている。調達部門への投下コストが同一だとすると、調達の先進企業での効果はその他の一般企業での効果よりも50％以上高いことになる。

図表5-4はROSMA© 指標と調達部門の全調達コストへの関与度について

図表5-4　検討アプローチ③ROSMA© に基づく調達改革の方向性

費用対効果を踏まえて、全体の効果を最大化するための改革を策定する
ROSMA© スコアと支出カバー率から見た改革の方向性

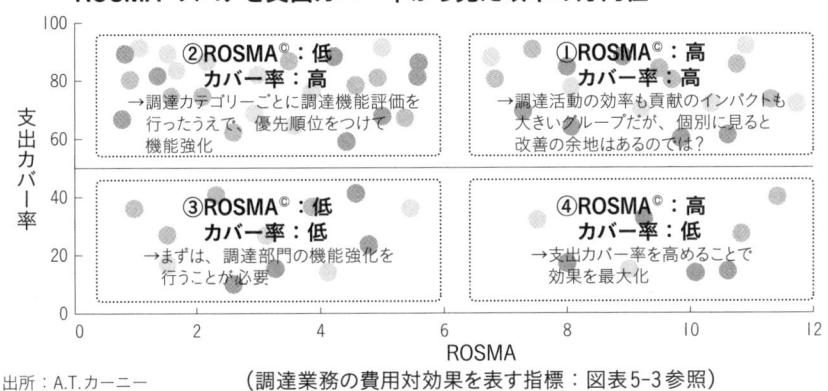

②ROSMA©：低　カバー率：高
→調達カテゴリーごとに調達機能評価を行ったうえで、優先順位をつけて機能強化

①ROSMA©：高　カバー率：高
→調達活動の効率も貢献のインパクトも大きいグループだが、個別に見ると改善の余地はあるのでは？

③ROSMA©：低　カバー率：低
→まずは、調達部門の機能強化を行うことが必要

④ROSMA©：高　カバー率：低
→支出カバー率を高めることで効果を最大化

縦軸：支出カバー率　横軸：ROSMA

出所：A.T.カーニー　（調達業務の費用対効果を表す指標：図表5-3参照）

調査し、参加企業の散布図を作成したものだが、これにより、各社の調達業務の改革の方向性を把握することが可能となる。象限①は調達部門による総調達コストのカバー率が高く、ROSMA© 指標も高い企業群である。基本的には調達活動が良好に行われているものの、象限の中の企業間で比較すると改善の余地がある。象限②は調達部門による総調達コストのカバー率は高いが、ROSMA© 指標は低い企業群である。調達活動の成果を高めるために活動の量や質を見直す必要があると言える。象限③は調達部門による総調達コストのカバー率が低く、また、ROSMA© 指標も低い企業群である。改善の方向性としては、カバー率を高めるよりも、ROSMA© 指標を高めることを優先して、調達活動の量や質を見直すことが有効と言える。象限④は、調達部門による総調達コストのカバー率は低いが、ROSMA© 指標が高い企業群である。総調達コストのカバー率を高め、調達部門による経営インパクトをより大きくすることが求められる。

　AEP調達ベンチマーク診断は調達業務の充足度をプロセスの観点から評価するものだが、他方で調達コスト構造を網羅的に把握し、主要コスト項目のコスト水準を定量的に把握するアプローチもある。

　汎用的な仕様のものであれば、一般に外部市場の市場価格と比較可能である。また、特殊な仕様のものでも、コスト構造を推定できる品目であれば原価推計の手法（コストの要素分解と要素ごとの市場価格ベンチマークと積算によるあるべき価格の把握）により妥当な価格水準を推定することは可能である。これらの手法により、調達活動の結果としての調達価格を評価し、現行価格が市場価格やあるべき価格と乖離している場合には調達活動を見直すこととなる。

　一般に、調達コスト構造を網羅的に棚卸しすると、原材料以外のいわゆる、間接材コストが全体の2～4割という相当な比率で存在することがわかる。そして、この間接材コストに対しては、管理部門や調達基準が明確でないことが多く、現行の価格水準が市場価格やあるべき価格と乖離する傾向がある。このため、間接材コストの調達管理に大きな改善余地が見出されることが多い。コスト構造の分析とコスト水準の妥当性の判断を踏まえて、調達活動の改善プランを策定することになるのだが、調達部門が従来から取り組んできた直接材についての更なる調達活動の高度化に加え、調達管理の対象を間接材までに拡大することが重要となる。

Section 4

調達業務の改革事例

事例①／グローバル調達組織・プロセスの構築

　グローバルなスケールで展開する機械部品メーカーX社では、調達組織の高度化を目指していた。X社では世界3極での事業運営体制が構築されており、調達部門は3極に分かれて運営されていた。結果として、各地域間横断的な調達活動が限定的であり、また、様々な調達ノウハウが共有されず、グローバル規模でのメリットを享受できていなかった。このため、X社では調達組織の地域間統合を実施したが、意図していたようなグローバルスケールでの取組みが進捗することなく、グローバル調達組織のあり方を再検討することとなった。

　まずは、各地域での調達活動全般に関わる課題を浮き彫りにするために、世界3極に存在する調達部門それぞれに対して、前述のAEPの枠組みによる調達プロセスベンチマークを行った。その結果、**図表5-5**に示すとおり、3つの大きな課題が見出された。

　1番目の課題は、調達部門が全社のサプライチェーンに関連する活動に参画することへの重要性は認識されつつあったが、開発・設計・生産など社内他部門との具体的な連携が明確でなかったことである。2番目の課題は、グローバル調達活動を促進するための会議体を設立したものの、活動の進捗と成果を捕捉する機能と障害が特定されたときの問題解決機能が不十分であったことである。3番目の課題は、調達品目カテゴリーごとに地域横断的なチームは組成されたものの、グローバル調達活動のためのプロセス、ツール、スキル、権限などが不明確であったことである。

　これらの課題を解決するために、サプライチェーンにおける調達部門の位置づけや連携プロセス、各地域調達部門間の連携プロセス、各種ツール、職

図表5-5　事例①グローバル調達組織・プロセスの構築

調達部門内の連携と他部門との協働がポイント

クライアント企業Xのグローバル調達組織・体制

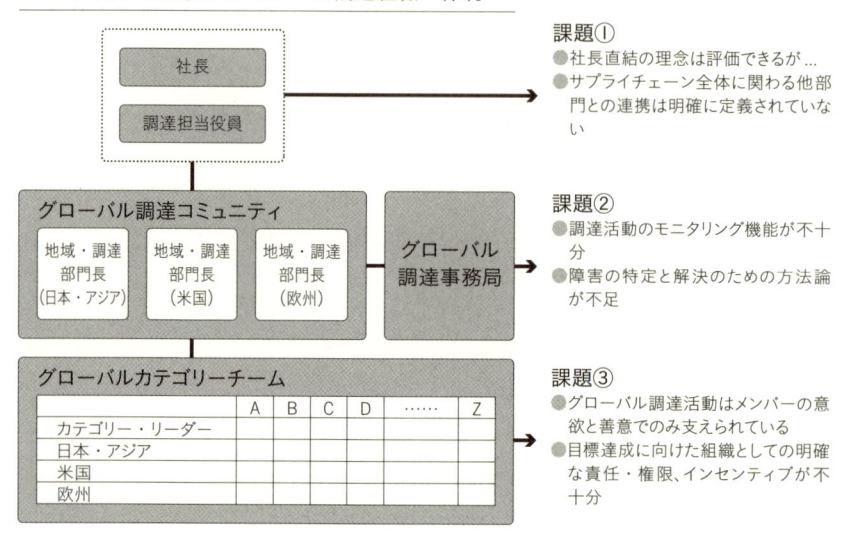

```
        ┌─────────────┐
        │   社長       │
        ├─────────────┤
        │ 調達担当役員 │
        └──────┬──────┘
               │
    ┌──────────┴──────────────────┐
    │ グローバル調達コミュニティ   │    ┌──────────┐
    │ ┌──────┐ ┌──────┐ ┌──────┐ │    │ グローバル│
    │ │地域・│ │地域・│ │地域・│ │    │ 調達事務局│
    │ │調達  │ │調達  │ │調達  │ │    │          │
    │ │部門長│ │部門長│ │部門長│ │    └──────────┘
    │ │(日本・│ │(米国)│ │(欧州)│ │
    │ │ アジア)│ │     │ │     │ │
    │ └──────┘ └──────┘ └──────┘ │
    └─────────────────────────────┘

   グローバルカテゴリーチーム
   ┌──────────────┬─┬─┬─┬─┬───┬─┐
   │              │A│B│C│D│…  │Z│
   ├──────────────┼─┼─┼─┼─┼───┼─┤
   │カテゴリー・リーダー│ │ │ │ │   │ │
   │日本・アジア  │ │ │ │ │   │ │
   │米国          │ │ │ │ │   │ │
   │欧州          │ │ │ │ │   │ │
   └──────────────┴─┴─┴─┴─┴───┴─┘
```

課題①
- 社長直結の理念は評価できるが…
- サプライチェーン全体に関わる他部門との連携は明確に定義されていない

課題②
- 調達活動のモニタリング機能が不十分
- 障害の特定と解決のための方法論が不足

課題③
- グローバル調達活動はメンバーの意欲と善意でのみ支えられている
- 目標達成に向けた組織としての明確な責任・権限、インセンティブが不十分

出所：A.T.カーニー

務規定、スキル体系、システムなど仕組みやインフラに関わる整備の方針を策定した。結果として、社内他部門も含めた業務の大きな変革となり、そのためには、経営や社内他部門の理解と協力が必要となったのだが、大きな仕組みの変革であり、一度に変革を行うことは極めて困難な状況であった。

このため、効果実現と仕組み整備を両輪とする改革の大工程を策定した。調達活動の高度化に伴う効果を、まずは、部分的にでも早期実現することで、関係するステークホルダーに対して協力することの意義を確認させ、先述のような仕組みとインフラを整備し、そして、更に調達活動の高度化を狙うというような、効果を確認しながら変革を推進していく段階的・スパイラル的な変革プログラムである。具体的には、コスト削減という目に見える効果を

早期に実現することに注力した。コスト構造を洗い出し、優先順位を検討し、グローバルで取り組むべきコスト削減対象を特定した。そして、削減アプローチを明確化し、タスクフォースを立ち上げ、事務局自身が問題解決を支援してコスト削減活動を推進することで早期効果を確実に実現しながら、同時に、前述のプロセス・ツール・システムなどの仕組みを整備していくものだった。仕組みの整備につれて、より難易度の高いコスト削減対象に取り組み、更に、大きな効果を狙うというものであった。およそ、2年間にわたる変革プログラムとなった。

注：複数のプロジェクトをもとにありがちな事例を作成

事例②／グループ横断的な調達基盤の立ち上げ支援

　化学品メーカーY社では事業部門や関係会社に対して横断的な調達組織の立ち上げを推進していた。背景としては、これまではカンパニー制により部分最適が優先され、コストのスケールメリットが実現できていないことや、特に国内における市場の成熟化に対応した効率化策が必要とされていたことがある。まずは、各事業部や関連会社に分散する調達部門を1つの部門に統合したが、コスト面でのスケールメリットの実現にまでは至っていなかった。

　そこでコスト面での効果実現のために、基本に立ち戻り、取組み対象を再確認することとなった。全社の総調達コストの洗い出しと、各コスト項目への統合調達部門の関与度合いや調達管理の徹底度合いの分析を行った。従来の調達部門の対象は売上原価を対象とした直接材が中心であった。このため、事業部や関連会社は異なる事業を展開しているために、調達部門を統合しても、同一調達品目の調達量をまとめることによるスケールメリットがあまり期待できないことがわかった。一方、調達品目間では、調達プロセスの徹底度合いに差があることが判明し、調達ノウハウの共有やプロセスの標準化によるコスト効率化の余地が見出された。

　また、従来調達部門が関与してこなかった、主として販管費に含まれる間接材については、事業部や関連会社横断的に類似品目を調達していることが判明した。このため、間接材を統合調達部門の管理対象に加え、仕様や発注先を統合することにより大幅なコスト削減の取組みに乗り出すことになった。

図表5-6　事例②グループ横断的な調達基盤の立ち上げ支援

従来の調達組織を統合するだけでなく、
統合メリットが期待できる調達コストへの対象の拡大と、関与の仕方がポイント

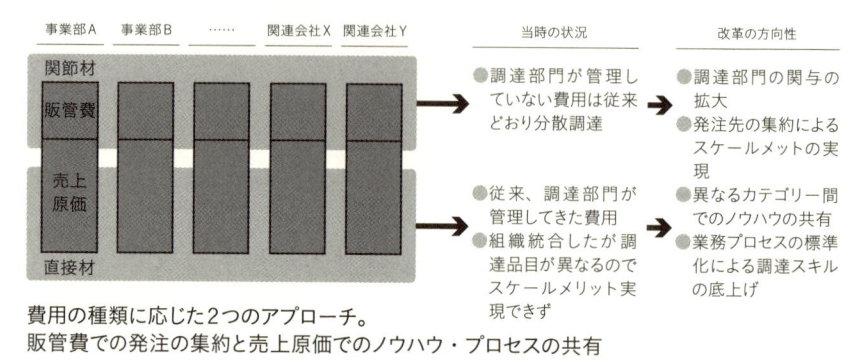

	事業部A	事業部B	……	関連会社X	関連会社Y
関節材					
販管費					
売上原価					
直接材					

当時の状況
- 調達部門が管理していない費用は従来どおり分散調達
- 従来、調達部門が管理してきた費用
- 組織統合したが調達品目が異なるのでスケールメリット実現できず

改革の方向性
- 調達部門の関与の拡大
- 発注先の集約によるスケールメットの実現
- 異なるカテゴリー間でのノウハウの共有
- 業務プロセスの標準化による調達スキルの底上げ

費用の種類に応じた2つのアプローチ。
販管費での発注の集約と売上原価でのノウハウ・プロセスの共有

出所：A.T.カーニー

　このようにして、調達品目に応じた調達部門の関わり方を最適化しながら、コスト削減の実現を進めた。そして、グループ横断的な統合調達部門の有効性が明らかになり、グループ横断的な調達基盤の構築が加速化されることになった。

注：複数のプロジェクトをもとにありがちな事例を作成

第6章

[オペレーション改革]
生産業務改革

　本章では生産業務改革について述べる。生産業務と一言で言っても生産戦略・生産モデルの企画、現場の改革から生産計画、在庫管理、要員計画まで幅広い。本章では全体の業務をカバーする視点を持ちつつ、特定分野での効率向上のアプローチについて触れる。

　また、そもそも生産といっても、作る「モノ」により多様な生産プロセスや生産システムが存在し、その改革はそのシステムに依存するのは当然である。代表的な区分として「組み立て型」と「プロセス型」生産システムに分けられるが、本章で想定する生産システムは人手と機械設備が一体となって生産が行われている加工、組み立て型モデルを念頭に話を進めたい。

Section 1

生産業務の構造

　生産業務は、新しく生産システムを「企画・設計」するフェーズ、「ルー

ティンとして生産活動を回していく「運用」フェーズ、環境変化に合わせ作り変える「再構築」のフェーズに分けられる（**図表6-1**）。「企画・設計」フェーズでは、何を、どこで、どういった設備で作るのかを規定する。各社が目指すビジネスモデルを具現化する生産モデルの設計である。その際は当然全体のサプライチェーンの最適化を念頭に検討されるものである。次に「運用」フェーズでは与えられた制約の中でいかに効率的な生産活動が行えるかが主題となり、より効率的な生産活動になるようにオペレーションを磨いていく。

　その次には「再構築」のフェーズがやってくる。いかにオペレーションを磨いても時間の経過とともに、そもそも作っていたものが必要なくなったり、既存のコスト構造といった制約のもとでは収益的に見合わなくなったりすると、閉鎖・移転や転用といった事項を検討することが必要業務となる。近年の継続的な円高により、多くの生産現場が中国を筆頭に、より賃金の安い国・地域に移転が進んでいる。一方で、途上国での人件費の増加や、納期やカスタマイズといった顧客サービスの観点も加味したトータルコストを考え

図表6-1　生産業務のフェーズとミッション

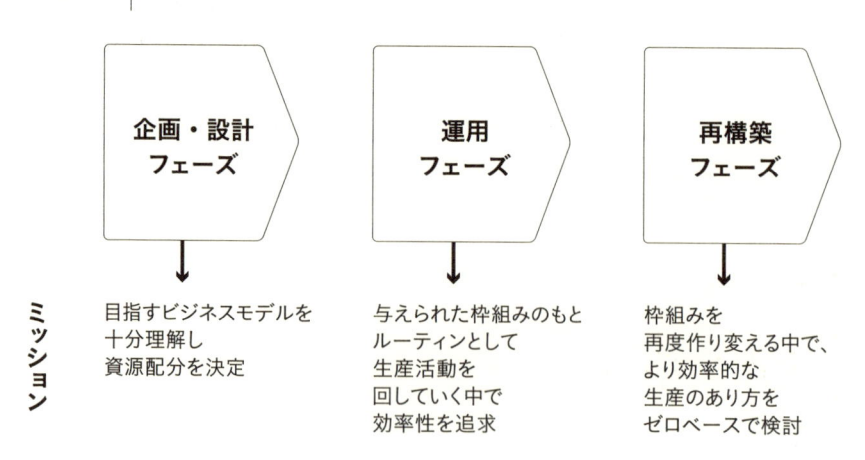

	企画・設計フェーズ	運用フェーズ	再構築フェーズ
ミッション	目指すビジネスモデルを十分理解し資源配分を決定	与えられた枠組みのもとルーティンとして生産活動を回していく中で効率性を追求	枠組みを再度作り変える中で、より効率的な生産のあり方をゼロベースで検討

出所：A.T.カーニー

ると、国内顧客向け製品においては国内立地の優位性を見出し、国内生産回帰を行う事例も出てきている。

Section 2

生産業務改革の全体像と役割分担

　生産改革を考えるにあたっては、経営レベルで考えるべきこと、ミドルが考えるべきこと、現場・スタッフレベルで考えるべきこと、といった具合に影響を及ぼす範囲、視点の高さの違いにより様々な着眼点がある（**図表6-2**）。そして改革を成功させるには、それぞれをうまく連携させて進める必要がある。

図表6-2 | 階層別生産改革の着眼点

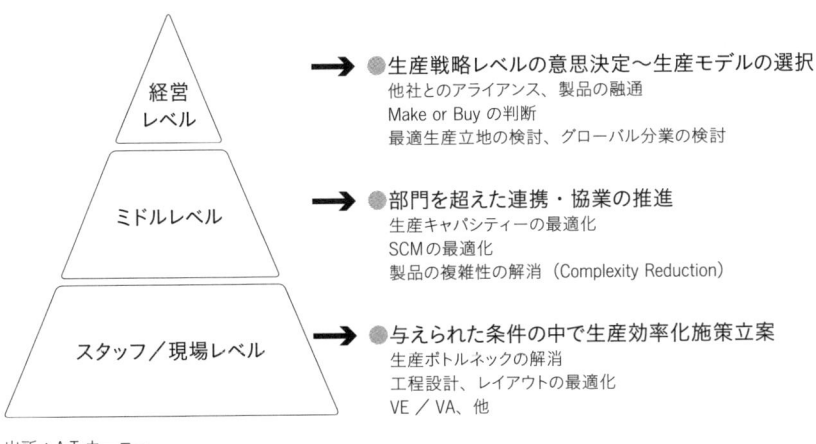

経営レベル
→ ●生産戦略レベルの意思決定〜生産モデルの選択
　他社とのアライアンス、製品の融通
　Make or Buy の判断
　最適生産立地の検討、グローバル分業の検討

ミドルレベル
→ ●部門を超えた連携・協業の推進
　生産キャパシティーの最適化
　SCMの最適化
　製品の複雑性の解消（Complexity Reduction）

スタッフ／現場レベル
→ ●与えられた条件の中で生産効率化施策立案
　生産ボトルネックの解消
　工程設計、レイアウトの最適化
　VE／VA、他

出所：A.T.カーニー

そもそも、日本の製造業は現場のカイゼン力によって高度成長時代を通じて世界最強となった。売れるモノも明確で、国内に工場を作ればひたすら生産性を上げ生産量を増やすことに腐心すればよかった。前述の「運用フェーズ」における効率追求には、現場を中心に組織されたQCサークルが力を発揮した。

しかし今、先進各国における低成長と新興国の成長が目覚ましい時代を迎え、世界市場を相手にビジネスを進めるにあたっては、将来を見据えて生産あるいはサプライチェーンの枠組みを継続的に再構築していく必要がある。

そしてこの生産モデルの「再構築フェーズ」で力を発揮しなくてはならないのは、ミドルあるいは経営陣である。

現場レベル・スタッフ／与えられた枠組みの中での改善

現場レベルでは、生産性をいかに高位に保っていくか、あるいは、与えられた生産現場でいかに生産性を高めていくかが主眼となる。そのために、5S（整理、整頓、清掃、清潔、躾）等に代表される職場の保全が現場教育として定着し、高品質な製品を安定的に生み出す強い日本の現場が生まれた。またQCサークルの活動あるいは現場スタッフの改善活動として、ムダの排除として、生産ボトルネックの解消や、人員配置の最適化、ラインバランシングによる仕掛在庫の削減、レイアウト変更といったIE的な改善施策がなされる。

スタッフ・ミドル／生産モデルの検討、部門を超えた連携・協業

生産効率を抜本的に引き上げるには、従来のやり方で、従来の製品を生産していては限界がある。そこで、生産現場に対しては、生産設備や加工方法の抜本的な見直しが求められる。作るものに対しても、より生産のしやすい方向に社内各部署との連携が求められる。従来からVE／VAとして設計部門との連携は盛んに行われ、より効率的に安定的に生産が行えるように、形状や材質の見直しは行われてきた。さらに量を追わずに利益を確保するには、多種にわたる派生仕様の削減（Complexity Reduction）や顧客の要望による設計変更の低減といったように、営業／マーケティング部門との連携による生産

効率化の追求が必要である。

経営レベル／価値の源泉・競争優位の追求

　グローバル競争の時代、生産改革における経営レベルの意思決定の重要性は大きく増してきている。高度成長時代においては、将来を見越して自社がどれくらいのキャパシティーを持つべきかを考えておけばよかった。

　しかし今、グローバル市場を相手にする場合、どこで、どんなスペックのものを、どれくらいのコストで作っていくのか、高度な判断が経営には求められる。加えて、自動車のような巨大産業となると国内雇用をどう守るのかといった社会的問題にも配慮が必要となる。取り扱う製品にしても、自ら開発するのみならず、他社とのアライアンスによる製品の融通によって、規模の経済を享受して生産コストを抑制するといった打ち手を取ることが求められる。さらに、M&Aを駆使し自社のバリューチェーンを拡充するといった打ち手も求められる。部品レベルでも自社で何を作り何を外部から購入するか、価値の源泉がどこにあるかを見極め、生産戦略を練る必要がある。

　このように、グローバル競争下、各階層がそれぞれの知恵を絞り競争力の向上に向け、生産モデルの変革から現場オペレーションの生産性改善に至るまで、改革に取り組む必要がますます高まっている。

Section 3
低成長時代の生産業務改革

　まず、現場レベルでの業務改革、改善の必要性について考えてみたい。

　「ジャストインタイム」「自働化」で表現されるトヨタ生産方式や、ゴールドラット博士のTOC理論、TQC／TPMの考え方等をはじめ製造現場の生産性向上については大いに語られてきている。また、高度成長期以来の生産

性改善活動が日本の製造業を強くした原動力でもあった。それでもなお、各現場には、各現場なりの改革・改善の余地が存在する。その理由として3つのポイントが挙げられる（**図表6-3**）。

1つ目は需要変動に対し生産が最適化されないケースである。国内マーケットはもとより、多くの市場が成熟化してきている。作れば売れる高度成長時代では単にスループットの増大が生産部門に求められたが、低成長時代ではコストコントロールが大きな課題となる。生産性は単位投入量・時間当たりの産出量で定義されるので、生産性を上げるというとどうしても産出量の増大に目が行きがちになるし、実際需要過多の状態では産出量増大を目的関数としても問題はなかった。

2つ目は部門間の断絶がもたらす非効率である。サプライチェーンのマネジメントシステムが進化し、生産と営業・マーケティングの距離が近くなったようにも思われるが、実際には壁ができているケースは多い。そのため起こる問題としては、販売計画と生産計画の不整合の問題と、不必要に生産現場に負荷をかける商品展開が放置される問題である。

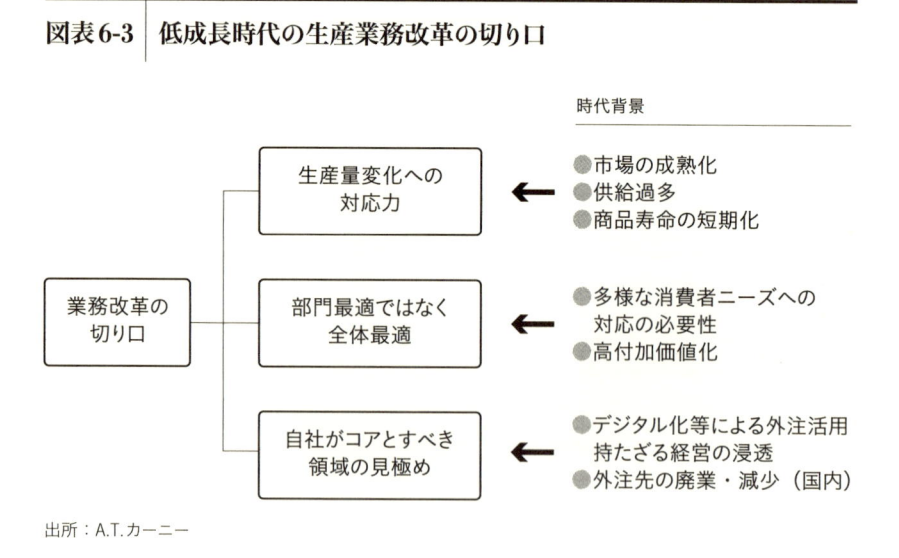

図表6-3　低成長時代の生産業務改革の切り口

業務改革の切り口
- 生産量変化への対応力 ← 時代背景
  - ●市場の成熟化
  - ●供給過多
  - ●商品寿命の短期化
- 部門最適ではなく全体最適 ←
  - ●多様な消費者ニーズへの対応の必要性
  - ●高付加価値化
- 自社がコアとすべき領域の見極め ←
  - ●デジタル化等による外注活用
  - 持たざる経営の浸透
  - ●外注先の廃業・減少（国内）

出所：A.T.カーニー

3つ目は内外製の問題である。近年、デジタル化が進展した電気・電子機器を中心に製造のアウトソースを活用した持たざる経営が時代の潮流となっている。しかしながら、生産現場を自社に持つか否かはその会社の商品ポリシーそのものに依存する。新たな製品を作ったり、細かな顧客の個別仕様に対応するには自社の製造現場を持つ意味は大きい。とはいえ全て自前で持つのが良いのか、外部をどの程度活用すべきなのかは大いに議論の余地がある。

Section 4
生産業務改革の3つの視点

視点①／生産能力の柔軟性強化

　生産性を高めるということは、投入資源（生産コスト）を最小化しつつ、単位時間当たりの産出量つまりスループットを最大化するということである。現在の新興国における状況がまさに当てはまるが、生産量が右肩上がりの時代は一定コストで生産量の最大化（スループット増大）を主眼に取り組めばよかった。これはボトルネック工程のカイゼン、排除により生産リードタイムを短くすることで実現できる。
　一方で量の拡大が見込めず、作りすぎは直に不良在庫化の危険がある成熟市場では、市場環境により必要生産量を変えなければならない。そういった環境下では、その生産量変化への対応力が競争力に直結する。（一から組み立てるような工程では、セル型生産方式により対応も可能であるが、）食品工場といった人と機械が補い合いながらで生産が行われる世界では、生産性を上げるためには投入人員の変動化が必要となる。しかしながら、生産量の変動に対し、要員配置が固定的になっているケースが多い。大まかに投入人員を決めているケースもあれば、出勤可能な人員は無条件で配備しているケースまで幅はある

が、生産変動に合わせ要員を細かくコントロールできているケースは少ない。この分野では、時間単位で要員コントロールを行うファストフード等の業界のほうが先進的である。

　固定的な要員のために、低生産性に陥るケースとして2つのパターンが想定される。1つは、必要生産量が減少しているにもかかわらず、近いうちに反転するはずであるという判断のもと、固定的な要員を抱え込み続けているケースである。技術が必要ですぐに代替要員の確保ができない場合に起こりがちである。もう1つは、生産計画とそれに必要な人員がはっきりとしておらず固定的に人員を抱え込むというパターンである。受注生産型で、かつ単純労働のパート従業員を使用しているケースによく見られる。これは、後述

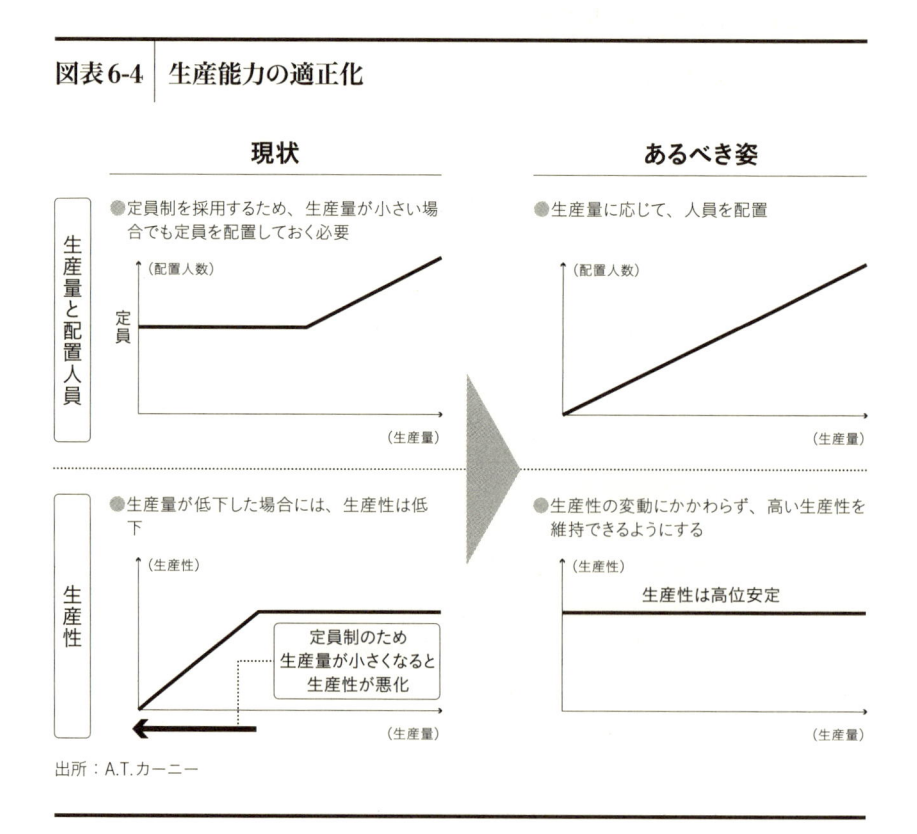

図表6-4　生産能力の適正化

現状

生産量と配置人員
- 定員制を採用するため、生産量が小さい場合でも定員を配置しておく必要

生産性
- 生産量が低下した場合には、生産性は低下
- 定員制のため生産量が小さくなると生産性が悪化

あるべき姿

生産量と配置人員
- 生産量に応じて、人員を配置

生産性
- 生産性の変動にかかわらず、高い生産性を維持できるようにする
- 生産性は高位安定

出所：A.T.カーニー

のサービスオペレーションにおいても起こりがちな事象である。中期的には外注化による変動の吸収という考え方もあるが、外注先においても、受注量の変動が想定されるのであれば、それに見合った価格設定となるため根本的な解決にはならない。

　生産能力の適正化を図るには、通常次のようなアプローチで取り組む事が必要である（**図表6-4**）。基本は、当たり前ではあるが生産計画を立て、その計画に応じた要員配置をしっかり行うことである。まず、工程別に生産性指標を明確にし、必要生産量と必要人員を明確にする。その際必要となる標準時間の設定については、実際の作業を観測し作業内容に応じ重みづけをする時間観測法や作業を個別要素に分解し計算するPTS法等、各種手法が世の中に存在する。そういった個別積み上げ手法をとるのもよいが、実際の現場では、生産量が多く生産性が高い状態を基準に標準時間を簡易的に計算する手法が実践的であると考える。受注生産型で受身でしか必要生産量が定まらないケースにおいては生産の平準化を数日単位、あるいは週単位で進めることも重要である。

　この、生産計画に基づいた人員の変動化を進めるためには、人の流動性が必須である。パート従業員の出勤シフト管理を綿密に行うことはもちろんのこと、正社員であっても変形労働時間性を取り入れ日々の勤務時間には柔軟性を持たせる。つまり、毎日固定的に8時間出勤するのではなく、総労働時間は保証するが、日々の勤務時間には柔軟性を持たせる仕組みを導入するのである。

事例／受注生産型企業の生産現場の事例

　プロセス型の設備と工程間のつなぎの軽作業を人手で行う、受注生産型企業の生産現場の事例を紹介しよう。この現場では、外注工場に比べ需要変動に対し配置人員が固定化しており、その生産性の向上は喫緊の課題で、実際、生産量の変動に応じ、生産性に30％程度の振れが生じていた。

　実態調査をしたところ、生産量の変動に応じ、パート従業員の配置が固定的で生産性を低下させていた。そこで、過去の受注量をベースに3日単位で生産量を平準化する生産計画の仕組みを導入すると同時に、パートの出勤管

理を強化し、年間の労働時間は保証するものの、日々の投入人員の適正化と在籍人員の圧縮を実施。あわせて、工程間の負荷バランス見直しや、多能工化の推進を行い、結果として10％の製造原価の低減を実現し、外注先とのコスト差を解消した。

注：複数の事例をもとにありがちな事例を作成

視点②／部門間連携の強化

　生産効率を上げるのに大きく影響を与える要素は、作りやすい設計と、極力同じものを大ロット生産できる仕組みを作ることである。与えられた設計制約をベースにすると、いくら現場サイドで加工や組み立ての工夫をしても超えられない壁が存在する。そういう背景もあり、製造業においては設計と生産部門の間では、開発時の連携やVE活動を通して作りやすい設計の推進がなされてきた。しかしながら、営業・マーケティングに関しては、設計と生産と比べ人的交流が限定的なこともあり、連携がうまくいっていないケースは多い。

　低成長マーケットでは、顧客第一にならざるを得ない。ただ、何でも聞いていると当然コスト高になる。B to B（法人向けビジネス）の世界では営業は、少しでも他社との差別化を図るため、顧客の声を過度に聞き、設計変更や追加仕様を要求しがちで収益性の低下を招いている。一方、B to C（一般消費財ビジネス）の世界では、商品戦略上必要ということで、いくつかの製品グレードを設定したり、めったに売れないバリエーションまでラインナップにそろえておくということがしばしば生じる。こうやって増えていく多数の仕様や製品のバラエティは工場の生産性に大きな悪影響をもたらし、段取り替えの工数増や部品在庫の増加、あるいは作業員の習熟の必要性といった点でその影響は顕著に現れる。

　ただし、各現場では「この製品がなければ」「この機能がなければ」「この仕様がなければ」より効率的な生産になることがわかっていても、実現しないケースが多い。営業サイドからの「売るために必要」という言葉に対して生産側はどうしても抗えないケースが多い。

　この商品の多様性からくる生産性の低下課題に対処するには、大きく２つ

の方策がある。1つ目は、仕様の上位統合による仕様削減の余地がないか検討することである。もう一方は組織的取組みにより営業側を動かすに足る材料をもってコミュニケーションを図ることである（**図表6-5**）。

　仕様の上位統合が有効なケースは、製品のグレード間で使用する部品のグレードに差があるケースで、下位のグレードの生産量が少ないケースである。そういったケースでは、下位グレード生産のためにわざわざ少量の部材を用意し、その組付け工程を持つよりは、多少高価であっても上位グレードの製品と部材を共通化するという考えである。そういったケースでは、仕様の分解を行い、コスト構造を明確にし、ターゲットとする部材を明確にしていくという作業を順次行っていく。

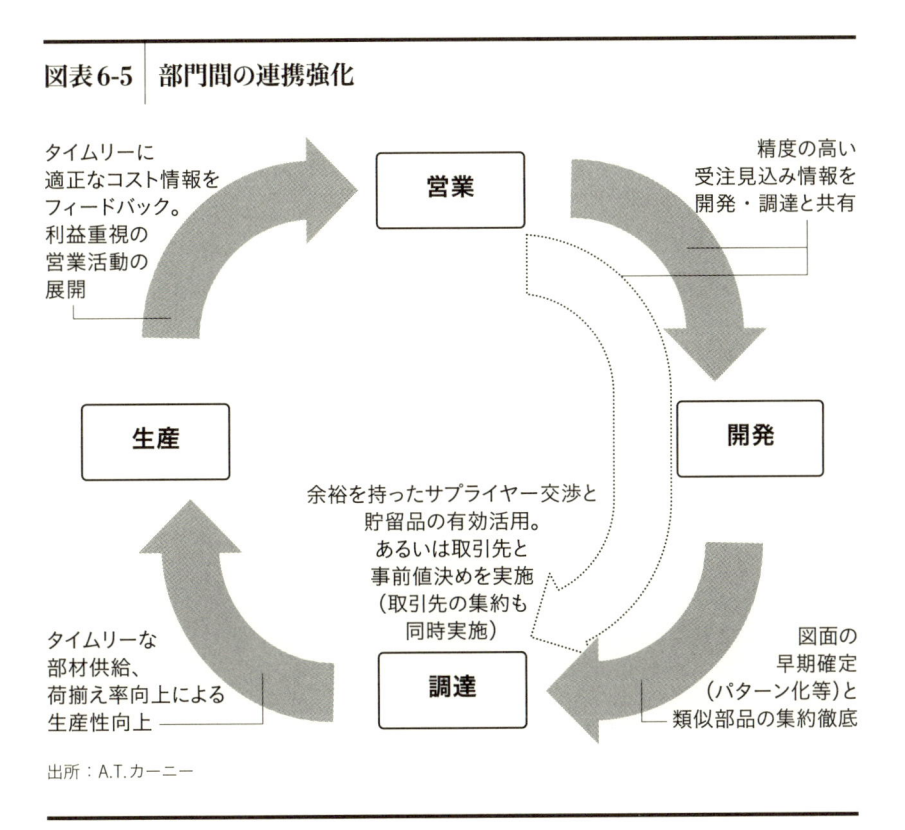

図表6-5 部門間の連携強化

- 営業：タイムリーに適正なコスト情報をフィードバック。利益重視の営業活動の展開
- 開発：精度の高い受注見込み情報を開発・調達と共有
- 調達：図面の早期確定（パターン化等）と類似部品の集約徹底
- 生産：タイムリーな部材供給、荷揃え率向上による生産性向上
- 営業⇔調達：余裕を持ったサプライヤー交渉と貯留品の有効活用。あるいは取引先と事前値決めを実施（取引先の集約も同時実施）

出所：A.T.カーニー

営業を動かし仕様の集約を進めていくには、まず、設計上譲れない部分は何か、どういう仕様変更であればコスト増にならないか、を明確にすることからスタートする。この情報を明文化・図面化し、営業と共有することが次のステップである。

　最後に、この仕様集約を営業が組織として積極的に取り組めるように評価の仕組みに組み込んでいくことで、実効性を持たせることが重要である。評価の仕組みとしては、直接的にはどれくらい望ましい仕様へ誘導したかを評価したいのであるが、もともとの目的は仕様誘導により利益率を高めることであるので、獲得した利益で評価する仕組みを導入するのが望ましい。

　仕様の集約は、生産サイドにおいては生産リードタイムの短縮と製造コストの短縮という効果を生む。顧客はわがままで、いろいろ注文をつけても、価格に対してはシビアな目を持っている。仕様と価格、納期のバランスをうまく均衡させることで作りやすい仕様への誘導は可能である。

事例／受注生産方式で製造を行っているメーカーの事例

　産業機器を受注生産方式で製造を行っているメーカーが、製品別（オーダー別）の収益性のばらつきにメスを入れたいと考えていた。このメーカーの生産・設計サイドでは、個別顧客に対する過度な仕様変更が高コスト要因の1つであると考えていた。営業側でも一部にその認識はあったが、何をどこまでやれば良いのか曖昧なため、組織的な取組みには至っていなかった。

　そこで、生産・設計および営業の各現場で俗人的に行われていた仕様集約の動きを組織として仕組み化するために、生産効率を勘案した設計変更、仕様変更の許容範囲を明確化し、DB化し、営業に情報提供することとした。一方で、個別顧客への対応は個別図面を用意することでカスタマイズ感を維持。現場に落としていくにあたっては、営業トップに仕様集約をコミットさせることで実効性を担保できた。

注：複数の事例をもとにありがちな事例を作成

視点③／自社生産キャパシティーの設計

　生産性を大きく決定付ける要因として、製造キャパシティーの設計の問題がある。生産を行うためには、設備投資、人の雇用等多くの固定費を抱え込むことになる。需要が不確かな中で、固定費抑制の手段として生産会社を子会社化するといった打ち手もあるが、一方で自社生産キャパシティーを補うために外注工場を活用する、あるいは社内外注を活用するといったことが行われてきた。

　ここで生じてくる問題として、外注に対する過度な依存がもたらす非効率が挙げられる。外注先といえども一定の仕事量がなければ、競争力のある価格での受注はできないし、技術の継承・品質の維持という観点でも問題が生じるおそれがある。また、需給のバランスが崩れた場合の逆選別リスクや外注先自体の廃業リスクも考慮しなければならない。しかしながら、こういった不都合を避けるために一定量の仕事を確保するというのでは本末転倒である。一方で、一時的とはいえ余っている内部の稼働を高めるために外注に出している仕事を割高な内製に置き換えるという手段もとれるが、これが固定化するなら、これもまた本末転倒である。

　また、多品種少量生産が主となると、外注化しても少量生産であればあまりコストメリットが得られないケースもあり、どの程度自社生産能力を確保し、外注と内製のバランスをいかにとるかは非常に悩ましい問題である。

　このような問題が生じる背景として、自社が中期的に持たなければならない生産キャパシティーが曖昧になっているケースが多い。中期経営計画達成のために必要な生産量と現時点の生産量に乖離があるケースではどちらを基準にキャパシティー設計をするべきか判断が難しい。したがって、経営あるいは営業部門と将来の生産能力について、現実ベースの数字と努力目標を切り分けて共有することが重要だ。そのうえで、中長期で想定しておくべき生産能力を、複数のシナリオとそれぞれの可能性として整理するのである。

　同時に、外注先が増えるのか減るのか、その動向を押さえて、外注コストの将来見通しを立てる。そして、これらの情報を組み合わせて、自社として保有すべき生産能力を計画するのだ（**図表6-6**）。そのうえで、既存設備で

図表6-6 自社キャパシティーの設計

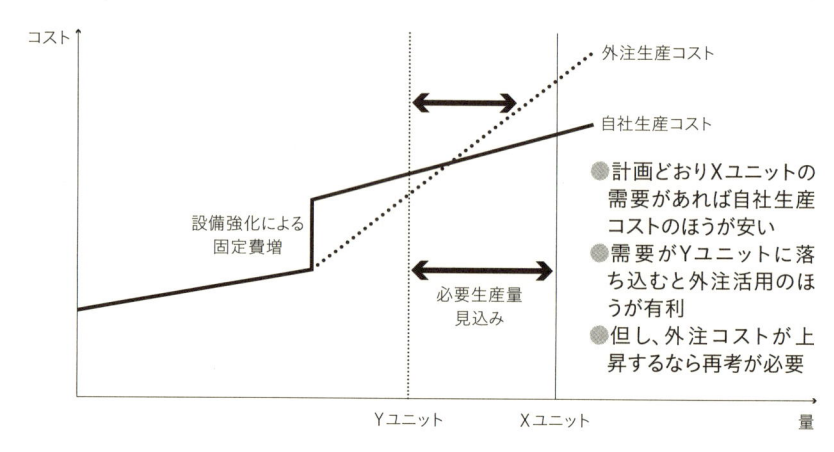

コスト軸・量軸のグラフ：
- 外注生産コスト（破線）
- 自社生産コスト（実線、設備強化による固定費増で段差あり）
- 必要生産量見込み（YユニットからXユニットの範囲）

- 計画どおりXユニットの需要があれば自社生産コストのほうが安い
- 需要がYユニットに落ち込むと外注活用のほうが有利
- 但し、外注コストが上昇するなら再考が必要

出所：A.T.カーニー

の生産能力の調整の範囲を超える変動に対しては生産能力の削減、あるいは新規の投資を考える。言うまでもないことであるが、海外での投資を考える場合は中期的な人件費等コスト構造の動向を押さえることが重要となる。

事例／BtoB型企業の事例

あるプロセス型の設備をベースとするBtoB型企業が、新規に大口取引先の開拓に成功した。そして新規に生産能力の拡大を図るべきか、外注工場の活用拡大と既存設備の生産性向上により新規需要を吸収すべきかマネジメントレベルでの意見が分かれていた。原因は、念頭に置くべきパラメータ（変動要因）の全体感と各々の影響が判然としていないためであった。

そこで まず整理すべきパラメータとして、「①新規・既存を合わせた将来需要」「②自社生産性の向上余地」「③外注先の生産余力」を明確化し、議論の共通土台を作成した。①については、顧客の先にいる最終ユーザーの動向を、海外ユーザー数を含むマクロ的観点および消費行動の変化といったミ

クロの観点から評価。②については、既存設備の中での生産集約による生産性向上の可能性と、新設備を入れた場合の全体生産性の変化を把握。③については、外注による追加生産能力調達の可否について、既存外注先と新規外注先ともに、その事業継続性の安定性と品質面から評価した。

　そして上記のパラメータを盛り込んだシミュレーションモデルに基づいた経済性分析結果をベースに議論し、最終的に新規投資を決定した。

注：複数の事例をもとにありがちな事例を作成

Section 5

生産モデルの選択と
バリューチェーン改革

　先進国の成熟化と新興国の成長という環境下で、工業製品は、大量生産による低価格追求と同時に多様化するニーズへの対応が求められる。また、市場のグローバル化の中で産業集中化が進み、グローバルトップ企業の規模は拡大の一途である。このような状況下で"生産"を考えた場合、そのモデル選択の重要性と、更なる付加価値の追求の必要性はますます高まってきている。

　生産モデルは、製品在庫の有無、機械化率、内製比率、ライン化するか否かといった要素から構成されている。とはいえ、生産品を見込みで大量生産するのか、需要に応じ少量生産型を選択するのかによってそれぞれの要素はほぼ決定される（**図表6-7**）。

　大量生産品の場合は、市場に大量に供給するため見込み生産による在庫を持ち、専用機械設備を入れ、効率的な分業型生産ラインを組んで生産性を徹底的に追求することとなる。結果、生産品目は限られる。大量生産モデルでは、大規模な設備投資に加え多くの作業員を必要とするため、需要変動や商品ニーズの読み違えに弱い。また、現在、大手家電メーカーの薄型TVパネル工場投資に代表されるように、大量生産型のモデルでのつまずきも見られ

図表6-7 | 生産モデルの選択

	汎用・自動化 ← 生産設備 → 特殊・手作業
品種・スペックの幅 大	**内外分担（製品別）**　ロットサイズ、生産能力に応じ臨機応変な使い分け。設計、SCM能力をコアコンピタンスに／**自社生産力強化**　設計能力に加え、生産技術・設備技術をコアコンピタンスに
品種・スペックの幅 小	**水平分業**　水平分業を徹底。デザイン、商品企画力がコアコンピタンスに／**内外分担（工程別）**　工程別に分担。設計能力に加え、SCM能力をコアコンピタンスに

出所：A.T.カーニー

図表6-8 | 用語解説

● BTO（Build to Order）

受注生産の一方式で、顧客の注文を受けてから最終の製品組み立てを行う生産方式。完全な受注生産（MTO（Make to Order））とは異なり在庫している中間製品や部品を使うことで生産リードタイムの短縮が可能。ATO（Assemble to Order）ともいう。カタログ等で示された選択肢を顧客側で組み合わせる場合はCTO（Configuration to Order）という。

● セル生産方式

組立工場において1人あるいは数名の熟練作業者が全ての工程を担当する生産方式で、生産品目の変更への対応力に優れ、キヤノン等多くの企業で採用されている。しかしながら、熟練作業員を必要とするために急な生産能力の拡大には弱いという欠点がある。

る。デジタル化により、すり合わせ技術が必要なく、製造装置を導入し必要な部材を集めてくることで新興企業でも容易に十分な機能を持つ製品を作ることができる時代になった。製造機能の陳腐化が起こったと言え、今後は常に過剰生産キャパシティーの危険に晒されることになる。

　一方、少量生産品の場合は、特定のユーザーのニーズに対応することになり、比較的納入リードタイムに余裕が出る。よって受注生産が基本となり、また、汎用設備を活かした作業員の手作業に頼る部分が大きくなる。その結果、多様な生産品目に柔軟に対応可能となる。

　量産品においても同様だが、多様化・複雑化する顧客のニーズに対応するために、BTOといったビジネスモデルが登場し準受注生産が行われている。その際、製造現場はセル生産方式により、市場ニーズへの迅速な対応と生産性向上の取組みがなされている（**図表6-8**）。

　生産モデルの選択とはいえ、そもそも、どういった商品を売りたいかで決定されるわけで、生産サイドに主体的な選択余地はない。しかしながら、生産サイドから見て、グローバル競争下において大量生産モデルで勝ち残る条件は明確である。1つは、寡占化を進め競合をなくしてしまうことである。コンピュータの記憶装置であるHDドライブ業界では、1990年代には、IBMや富士通をはじめ10社以上のメーカーが乱立していたが、M&Aによる集約が進み、米国のシーゲート、ウェスタンデジタルの2強に東芝という3社に集約された。

　もう1つは、その製品の独自の生産設備あるいは運転技術を持ち、生産性自体が差別化可能な製品であるか否かである。例えば、自動車メーカーのように、独自に工夫を凝らした設備や生産ラインを活用した大量生産型のモデルをグローバルに展開すると大きな果実が得られる。

　一方、生産設備での差別化ができない製品は、ユーザーにより近いところでカスタマイズと短納期、高品質を武器に戦うビジネスモデルが成立するかどうかを見極めることが必要となる。2011年夏にMade in Tokyoという触れ込みでノートパソコンが日本HPから発売されて話題を呼んだ。企業向けを中心に、ソフトのプレインストール等のカスタマイズと5営業日という短納期の両立が、中国生産による量産効果を上回り実現したものである。

Section 6
付加価値領域の再考

　本章の最後に、生産業務というよりは製造業という観点から付加価値の創出について、ビジネスモデルのあり方まで遡って考えてみたい。製造業の改革といえば、前述の生産モデルをより効率化するため、サプライチェーンマネジメント（SCM）の高度化が語られてきた。SCM高度化の過程で、一般的な大量生産品の場合、部材サプライヤーとの情報連携を密にし生産連携をとることで、最小限の在庫や仕掛品で安定的な生産を行う仕組みが構築されてきた。また、ITを使って末端の販売現場から各生産現場をつなぐことで、より生産計画を柔軟にかつ迅速に変化させることで、需要変動に対応できる体制を作り上げてきた。例えば、リーマンショック直後の需要の低迷に対し川上から川下まで一気に生産調整が行われたことは記憶に新しい。

　このように、中間在庫を最小にした、よりリーンな生産システムを構築することで、競争力を高めてきたが、グローバル競争を勝ち抜くには、製造業のビジネスモデルに更なる変革が必要になってきている。その重要なポイントとして、バリューチェーンの拡張を取り上げたい。製品の開発から生産、販売、アフターサポートに及ぶ流れをサプライチェーンと捉えずに、付加価値の連鎖と捉え、どの範囲を自社でカバーするか、どこに重きを置くかを考え直すことである。業界別利益率を分析してみると、メーカーでは、高機能材料を供給する素材系メーカーやキーデバイスを供給するメーカーの利益率が高い。また、各メーカーが作った機器を使って運転・運行にあたるインフラ産業の収益性も高位安定している。また、メーカーの中には製品の販売だけではなく、メンテナンスといったアフターサービスや補修部品、消耗品で大きな利益を挙げている会社も多い。製造機能の陳腐化と先に述べたが、そこを抜本的に変革するために、自社が戦っているフィールドをシフトすることに積極的に取り組むわけである（**図表6-9**）。

　川上への展開の例では、先ほど寡占化の例で出したHD業界でも、ウェス

図表6-9　バリューチェーン拡張のパターン

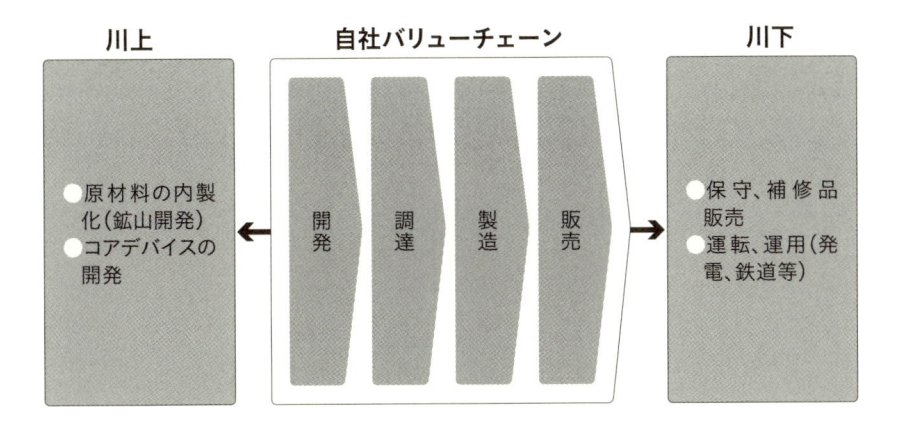

川上
- 原材料の内製化（鉱山開発）
- コアデバイスの開発

自社バリューチェーン
開発 → 調達 → 製造 → 販売

川下
- 保守、補修品販売
- 運転、運用（発電、鉄道等）

出所：A.T.カーニー

タンデジタルは磁気ヘッドというコア部品を取り込むことで成長した。また、メーカー電子機器の製造受託のEMS企業がその守備範囲を仕様決定や商品設計に広げ、単なる製造受託から開発から受けるODMサプライヤーに進化してきている。素材産業では資源価格の高騰を受け、原材料の確保に自前で取り組む例も出てきている。例えば鉄鋼業では、鉄鉱石を精錬する付加価値よりも、原料そのものに価値の源泉が移ってきていると言える。

川下への展開の例としては、シャープや昭和シェル石油の太陽光発電ビジネスへの進出が挙げられる。近年の自動車メーカーにおける商品の融通拡大も、単なる品揃えの強化ではなく、開発・生産投資を最小化しつつアフターサービスで稼ぐための顧客基盤を維持するという考えともとれる。逆に新興国での鉄道ビジネスなどのように川下の運行までをセットにしないと、鉄道車両や信号システムを売り込めないケースも出てきている。

また、製造業を取り巻く新たな動きとして、オペレーター系企業が製造部門に進出する動きもある。その例として、JR東日本やJR東海における鉄道車両メーカー買収の例が挙げられる。これらは、鉄道インフラの海外輸出と

いう流れにも乗った戦略と考えられる。

　日本の商社は従来の取引仲介型からオペレーションに関与する投資家といった業態に変わることで収益性を高めたが、それを実現できたのは、バリューチェーンを見渡し、付加価値の源泉がどこにあるかをしっかりと見極めてきたからにほかならない。製造業においても商社を見習い、バリューチェンの中で注力する領域を柔軟に見極め、事業の重心をシフトしていく必要がある。

第7章

［オペレーション改革］
ロジスティクス業務改革

　本章ではロジスティクス業務改革について述べるが、その改革の目的はロジスティクス部門に閉じた狭義の業務改革ではなく、企業のロジスティクスオペレーション全体を捉えて、その効率化（コスト適正化）と付加価値化について論じたい。したがって、業務改革の対象は当該企業の従業員にとどまらず業務委託先に対する打ち手（例えば交渉など）も含まれる。例えば個別物流機能の効率化については、実行者は3PLなど外部業者である場合が多いので、外部の業務委託先に対しての対応がメインとなる。一方、ロジスティクスネットワークの最適化などのプランニングについては自社の社員が対象となる。

　また、業務改革という本書の位置づけからロジスティクス改革を網羅的に記述するのは困難であるので、改革の内容を網羅的に捉えるのではなく、ロジスティクスの業務担当者や管理者が注意すべき「視点」や「特筆すべき改革のアプローチ」をハイライトして説明することにしたい。

Section 1

業務の全体像

　ロジスティクス業務とは、一言で表現するならば、"事業の運営と付加価値創造において必要となる商品・サービスの最適な供給・保管・配送を企画・運営する業務"と定義できる。いわゆる"物流"としばしば混同されがちな概念だが、ロジスティクス業務は事業の運営と付加価値創造を企画・運営する、より包括的な概念である。ロジスティクス業務における業務内容は大きく、①調達物流（集荷）、②物流拠点運営、③販売物流（配送）、④ネットワーク企画・設計、の4カテゴリーに分類される。以下、各業務の内容について簡単に見てみよう。

調達物流（集荷）

　調達物流は取引先（メーカー）から製品を自社に引き入れる業務を指す。取引先が自社と同一国内に所在している場合、取引先側が物流業務を担い、自社物流拠点までの引渡しまでを行う場合と、自社が取引先工場以降の物流を担う場合がある。一方、取引先が海外に所在する場合では、物流に関わるリスクが格段に高まることから、物品の引渡し場所と責任の持ち方（リスクのとり方）に応じて大きくは①Ex-Factory、②FOB、③CIFの3パターンに分類される。例えば、①Ex-Factoryは取引先工場での引渡しとなり、以降の物流に関わる責任は当社持ちとなるのに対し、③CIF（Cost＋Insurance＋Freight）では自社側の国における港・空港まで取引先が物流の責任を持つ形態という具合だ（**図表7-2**）。
　なお、取引先所在地にかかわらず、自社による調達物流の守備範囲については、慎重に考えることが必要だ。なぜならば、取引先に調達物流を依存した場合、調達物流費はブラックボックス化し割高になるリスクがあるためだ。「どこまで自社で調達物流を担うか」は「自社としてどこまで調達物流改革

図表7-1　ロジスティクス業務の全体像

ロジスティクス業務

①調達物流（集荷）	●取引先（メーカー）から製品を自社に引き入れる
②物流拠点運営	●製品在庫の保管 ●出荷にあたり在庫を必要量ピッキング・梱包 ●（場合によっては）流通加工の実施
③販売物流（配送）	●当社物流拠点から製品を顧客（顧客企業）に対して配送
④ネットワーク企画・設計	●①～③業務の構成を通じて、顧客に対する付加価値創造と効率性向上を志向

出所：A.T.カーニー

図表7-2　引渡し場所とリスクのとり方

海外物流における主要取引形態

Ex-Factory	●取引先（メーカー）の工場引渡し ・以降の物流費用、保険費用は自社負担
FOB (Free On Board)	●本船渡し ・外地（海外）のコンテナヤード／フレイトステーションまでは取引先（メーカー）が負担 ・以降の物流費用、保険費用は自社負担
CIF (Cost+Insurance+Freight)	●運賃・保険料込み ・国内のコンテナヤード／フレイトステーションまでは取引先（メーカー）が負担 ・以降の物流費用、保険費用は自社負担

出所：A.T.カーニー

へ取り組むか」と同義として捉える必要があるだろう。

物流拠点運営

物流拠点運営では、取引先から調達した製品在庫を保管し、出荷にあたり在庫を必要量ピッキング・梱包する業務を指す。物流拠点の効率的な運営にあたっては、これらオペレーションの拠点・キャパシティー設計・運営だけでなく、そもそも資産として倉庫を自社で保有するのか、倉庫内の荷役を自社社員で実施するのか等、経営資源配分の観点から検討すべき点は幅広い。また、物流拠点のコストは、「倉庫拠点保有に関わる費用」と「庫内荷役に関わる人件費」の2点が大半を占めている。

販売物流（配送）

販売物流は自社物流拠点から製品を顧客（もしくは顧客企業）に対して配送する業務を指す。調達物流同様、どこまで自社が物流業務を担うのか、顧客の物流網を活用する場合は費用負担を考えるのか等が、業務改革検討にあたっては重要なポイントとなる。

ネットワーク企画・設計

すでに述べた調達物流・拠点運営・販売物流という個別業務をどこでどのように組み合わせれば、顧客に対する付加価値創造と効率性向上を実現するかを検討する業務が、ネットワーク企画・設計である。付加価値創造や効率性は、物流拠点の設置場所やキャパシティーにより、大きく左右される。また、調達・配送物流においても、輸送モード（船便、航空便、トラック便など）の選定や、自社による責任範囲の設定も大きく影響を及ぼす。つまり、ネットワーク企画・設計業務がうまくいかないと、それぞれの個別業務の作り込みが付加価値創造・効率性向上につながらないことから、ロジスティクス業務における要諦と言っても、過言ではない。

Section 2

業務改革の視点

　ロジスティクス業務の改革を検討するにあたっては、「①個別物流機能の効率化」「②ロジスティクスネットワークの最適化」だけでなく、「③ロジスティクスの付加価値・収益源化」の3つの視点で検討することが有効だ。このとき、「①個別物流機能の効率化」と「②ロジスティクスネットワークの最適化」は互いに作用し合うため、本来このように個別の視点として扱うことは難しい。一方、事業会社が業務改革を検討する場合、まず既存の個別物流機能の効率化を実施したうえで、更なるネットワーク最適化による効率化余地を検討する手順となる場合が多い。したがって、本書においても、業務改革の検討手順に則り、①〜③の視点について順を追って展開していきたい。

個別物流機能の効率化

　個別物流機能の効率化については、外部に業務委託をしているケースが多いので、ここでは業務委託先に対する対応について考えてみたい。したがって、委託先に対する交渉による単価削減、積載率・稼働率の向上、およびこれらの改善活動が継続的な実施を担保する仕組み化の検討が不可欠となる。また、個別物流機能の効率化を網羅的に説明するというよりは、「業務改革」の観点から特筆すべき重要なポイントについてハイライトして説明したい。
　多くの企業ではロジスティクスにおける単価精査が不可欠な場合が多い。これは、ロジスティクス業務そのものが事業運営実態に合わせて専用設計されており、したがって適正な単価（＝市場適正単価）も把握することが困難であるという誤解が主な原因である。ロジスティクスにおける単価は、大きく配送費、物流拠点運営費として捉えることができるが、特に物流拠点運営費は市場適正単価がわかりにくく、多くの企業で手付かずとなっているのが実態である。こうした場合はもう一段現状把握の粒度を細かくし、拠点運営費

用を人件費、場所代、設備関連費用の単位で把握することが必要である。例えば人件費の場合、「人数×単価」のレベルまで分解すれば、地域別の市場価格と現状の単価水準を比較することが可能となる。場所代などについても同様に市場価格との比較ができるようになる（**図表7-3**）。こうして現状把握の粒度を上げて検討を実施すれば、一見わかりにくいロジスティクス業務の単価についても、根拠のある交渉が可能となる。

　単価削減と併せて検討を進めたいのは積載率・稼働率の向上であり、特に対象となるアイテムはトラックや海上輸送などで使用するコンテナの積載率、トラック輸送の積載率、および倉庫稼働率である。考え方としては、需要予測に基づく適正キャパシティーの設定と、需給変動に対応できるフレキシブルなキャパシティーの設定が基本となるが、現在ではロジスティクス技術・サービスの発達に伴い、事業会社による選択肢は更に広がりつつある。例えば、トラック輸送では自社だけでなく他社の製品も同時に輸送する混載化が、コンテナを利用した海上輸送では荷主が事前にコンテナの容量に合わせて積載前に物量を調整するバイヤーズコンソリデーション等がこれに該当し、い

図表7-3　市場単価水準の推定方法

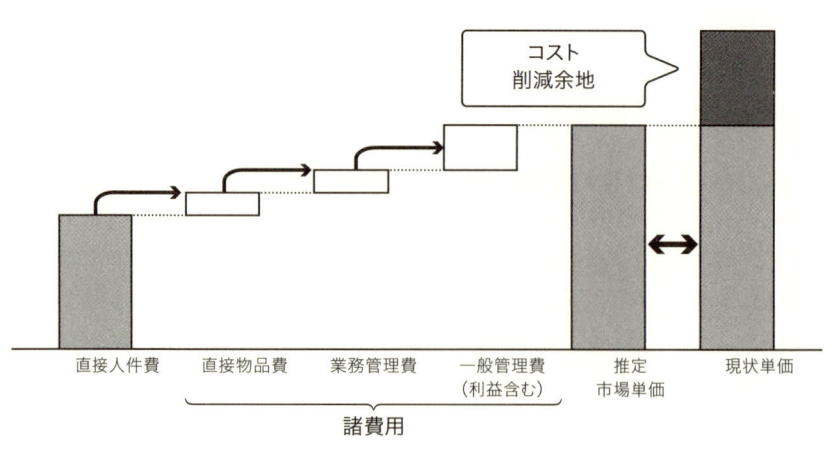

出所：A.T.カーニー

ずれの場合も一工夫加えることで、需要予測の精度向上およびキャパシティーの変動費化だけでは実現できない業務の効率化が可能となる。

更には、こうした物流業務改革を一過性な活動とせず、継続的な活動として根付かせる仕組み作りも重要だ。このとき、自社で物流機能を運営する場合は、社内QC活動の仕組み化や、業績管理指標（KPI）との連動などにより、仕組み化が可能である。他方、ベンダーに対して物流業務委託を実施している場合の仕組み化の検討も非常に重要である。

一部の事業会社では業務委託先に継続的な改善を促し、その見返りとしてベンダーも生産性向上効果を享受できるゲインシェアリングという活動が広まりつつあるので、ここで紹介しよう。ゲインシェアリングとは物流業務の委託先が委託元にコスト削減策を提案し、実行によって生み出せたコスト削減効果を一定期間、利益として還元する契約形態である。委託会社は一定期間ではあるが、コスト削減後も当初の委託費を継続できれば、コスト削減分を増加利益として得ることができる。一定期間経過後も、新たなコスト構造のもとで、これまでと同様の利益率が確保できる委託費を得られれば損はない。しかし、この方法は売上高が減ってしまうため、物流会社が主体的に提案してくるケースは少ない。だが、成長基調にある会社であれば、物量が持続的に増加していくため、一時的に売上高が減少しても、時間が経過すると元の売上高に戻すことができる（**図表7-4**）。つまり、ゲインシェアリング方式は成長基調にある事業であれば機能しやすく、成長基調の事業こそ、積極的な活用が求められるのである。

成長基調にある事業の場合、取り扱い物量が多くなるにしたがって物流センター内の各工程の業務量が増大し、小規模なときは多能工で対応していた工程をいくつかの工程に分解し、工程ごとに特化した体制を作ることで、生産性を高めることが可能になる。また、ボリュームを活かしたIT化も可能となるなど、小規模なときにはできなかった効率化策が打てるようになってくるのだ。このように、取引量の増大によって現場で実施できるコスト削減策の選択肢が増えることで、売上高の増加に単純に比例しないコスト構造を作り上げることが可能なのである。こうしたメカニズムがあるという認識を発注者側も理解して、コスト削減によって得られた利益を委託業者とで分け合うという仕組みを検討することは、業務委託におけるコストマネジメント

図表7-4　ゲインシェアリング契約の設計のポイント

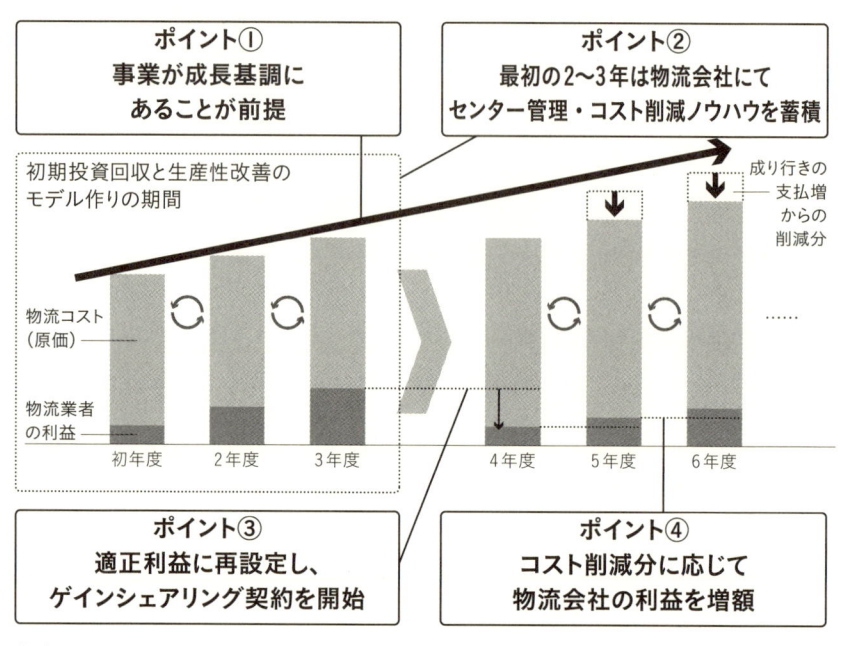

ポイント①
事業が成長基調にあることが前提

ポイント②
最初の2〜3年は物流会社にてセンター管理・コスト削減ノウハウを蓄積

初期投資回収と生産性改善のモデル作りの期間

成り行きの支払増からの削減分

物流コスト（原価）

物流業者の利益

初年度　2年度　3年度　4年度　5年度　6年度

ポイント③
適正利益に再設定し、ゲインシェアリング契約を開始

ポイント④
コスト削減分に応じて物流会社の利益を増額

出所：A.T.カーニー

のために必要といえる。

ロジスティクスネットワークの最適化

　ネットワークの最適化についても、詳細説明を行うのではなく、「業務改革」の観点から担当者が着目すべき視点を簡潔に述べてみたい。
　ネットワークの設計にあたっては、「A.各部品の製造拠点」「B.最終製品化拠点」「C.需要予測の容易性」「D.製品の大きさ」「E.各製品がマーケットから求められるリードタイム」の5点から最適解を描いていくことが必要である。そもそも需要が読みにくく、顧客からのオーダーを受けてから当日

または翌日までに納品しなければならない場合は、自社の製品在庫拠点は顧客の近くに置かざるを得ず、結果として多数の拠点で在庫を分散して抱えるネットワークが前提となる。逆に、需要が読みやすくリードタイムが比較的長い場合は、最も安い場所で在庫を一元管理することが可能だ。これに加えて、世界各地でパッケージや一部の付属品を変えればよいだけであれば、流通加工業務を倉庫に併設し、仕上げ工程を残して国別のオーダーを待つことも可能である。一方で、製品のサイズが大きいものは、長距離輸送は輸送費が割高になってしまうことから、市場の近くで生産することが必須となり、各市場で物流ネットワークが完結される形態となる。このようにA～Eの組合せの中で最適化を図ることによりネットワークを設計することが必要である。

　ロジスティクスネットワークにおける業務改革の観点では、特に物流拠点の設置場所とそのキャパシティー設定が重要である。近年、各種企業の事業運営は国内だけにとどまらず、場合によっては世界中から部品・半完成品を調達した後、海外で生産・最終組み立てを実施し、日本だけでなく世界各国に散らばる消費地に製品を供給するケースが多い。こうした場合、物流拠点の設置の仕方次第では、各種A～Eの制約条件を満たしつつ、ロジスティクスコストおよび機会損失の最小化も可能となる。

　同様に、生産地・物流拠点・消費地間を結ぶ物流モードの選択も重要である。例えば、定常状態では船便利用が適切だが、航空便利用も現実性を帯びてくるケースがある。このとき、多くの企業においては、ロジスティクスネットワークは定常状態を前提に設計されているため、異常発生時では"コスト度外視で"対応しているケースが見受けられる。しかしながら、ロジスティクスネットワークにおける業務改革の観点ではこうした状況にも備え、定常状態の物流モードは何か、どのような異常事態が想定されるか、各異常事態での最適物流モードは何か、異常発生時の業務委託フローはどうあるべきか、について、網羅的に事前検討することが望ましい。

ロジスティクスの付加価値・収益源化

　ロジスティクス業務は一般的にコストセンターとして位置づけられている

ケースが多いが、これを付加価値・収益源化できれば事業運営上は意義深い。自社で保有もしくは管理するアセットを活用した付加価値・収益源化の例としては、物流拠点を活用したセンターフィー収入が挙げられる。例えば、スーパーなどの小売チェーンにおいては、商品の製造や輸入を担うメーカー・商社は、商品を小売チェーンが運営する物流センターへ一括納入し、以降のロジスティクス業務を小売チェーンが担当する代償として、小売チェーンへ"センターフィー"を支払う。このとき、小売チェーンが一定規模の物流センターを運営し、物流拠点運営を効率化（例：稼働の平準化効果、規模を活かした倉庫賃料・派遣人件費単価の交渉、配送の効率化）することで、物流拠点運営コストが徴収するセンターフィーを下回れば、物流拠点運営から収益を生むことも可

図表7-5　物流センター運営による収益獲得（センターフィー）

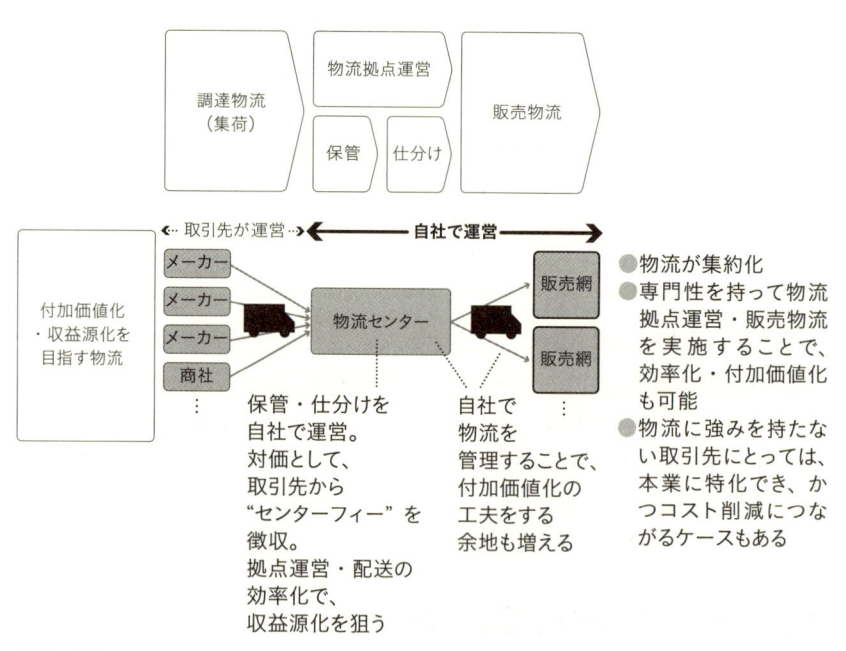

物流拠点運営
調達物流（集荷）　保管　仕分け　販売物流

付加価値化・収益源化を目指す物流

…取引先が運営… ← 自社で運営 →
メーカー／メーカー／メーカー／商社　→　物流センター　→　販売網／販売網

保管・仕分けを自社で運営。対価として、取引先から"センターフィー"を徴収。拠点運営・配送の効率化で、収益源化を狙う

自社で物流を管理することで、付加価値化の工夫をする余地も増える

- 物流が集約化
- 専門性を持って物流拠点運営・販売物流を実施することで、効率化・付加価値化も可能
- 物流に強みを持たない取引先にとっては、本業に特化でき、かつコスト削減につながるケースもある

出所：A.T.カーニー

能となる。また、物流を自社の管理下に置くことで、商品納期の縮減、トレーサビリティの向上など、様々な付加価値創造も可能だ（**図表7-5**）。

Section 3

業務改革のアプローチと事例

　業務改革の視点についてハイライトすべきポイントについて説明してきたが、ここでは、もう少し具体的なアプローチについて事例を通して説明してみたい。事例の説明を中心に、ピンポイント的にはなるが、特に、調達物流・販売物流・物流拠点運営について、代表的なアプローチについて少し掘り下げて紹介していく。

　調達物流と販売物流については、物流費自体を削減する方法として「混載化による積載率向上」「コストと輸送品質のバランスの見直し」「仕入先との交渉による物流費の適正化」の3つに取り組んだうえで、物流サービスの価値を消費者に転化して回収を目指す「配送業務の付加価値・収益源化」という4つのアプローチが重要であると考えられ、それぞれのアプローチについて事例を交えて説明したい。

　また、物流拠点運営については、調達物流・販売物流同様、近年経済のグローバル化に伴い急速に複雑性が増しつつある。前述の生産地・消費地に関わるダイナミックな変化の結果、従来のように"途上国で作って先進国で売る"以上に複雑なロジスティクス運営が求められ、特に物流拠点の設置・運営方針はカギとなる。物流拠点運営を改革する方法として、「流通加工を活用したローコストカントリーでの集中在庫保管」「国内物流拠点運営コストの削減」「付加価値化・収益源化を見越した庫内荷役業務の設計」の3つのアプローチについて述べてみたい。

混載化による積載率向上

　調達物流と販売物流の改革において、混載化は積載率を向上させて配送効率を高めるほか、物流費の透明化を促すため効率化の糸口を発見させる多くの機会を提供する。

バイヤーズコンソリデーション（調達物流）

　バイヤーズコンソリデーションとは、海外のサプライヤーから製品や部品を調達する際に、各サプライヤーが海外の生産拠点から日本またはその他の国・地域に個々に輸出させるのではなく、海外で各サプライヤーの出荷製品や部品を取りまとめてから、それぞれの地域に一括輸出させる手法である（**図表7-6**）。この手法を活用することによるメリットは主に2つある。

　わかりやすいメリットは、通関に要する手続きコストがサプライヤーごとに発生してそれが製品仕入価格に転嫁されていた状態を、複数のサプライヤ

図表7-6　バイヤーズコンソリデーション

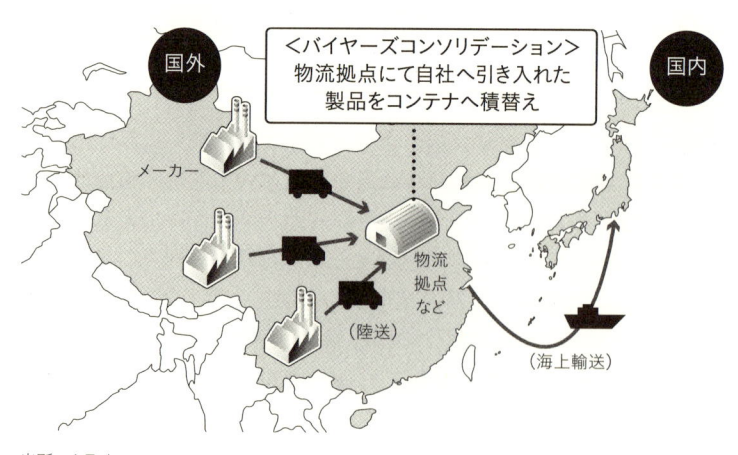

出所：A.T.カーニー

ーを1つのコンテナに集約することで、手続きコストを1回分に削減できることだ。もう1つのメリットは、製品に転化されている不透明な海外物流費の低減である。製品・部品を海外から輸入して国内でサプライヤーから引き渡す形態をとっている場合、サプライヤーは納品価格に海外物流費を上乗せして販売する。問題はその上乗せコストの妥当性がわからないまま仕入価格を決定していることである。バイヤーズコンソリデーションを導入するとサプライヤーの海外工場から自社の倉庫までの輸送コストと、倉庫から日本への輸送コストを切り分けることになるため、「これまで上乗せされていたこの部分のコストは低減できるはず」という形で仕入価格の見直しに切り込むことが可能となる。

　また、不良品の早期発見も大きなメリットである。日本で引き渡す場合は不良品をわざわざ日本に海外輸送費をかけて持ち込んでからでなければ発見できない。しかし、海外の倉庫で仕入れる形態にすることで、日本への輸送前に不良品をチェックすることが可能となり、無駄な海外輸送費を発生させずに返品ができる。また、作り直しの指示を前手で出すことが可能となり、迅速な製品供給により需要の取り逃がしを低減しながらコスト削減効果を発揮していけるようになる。

事例／中国に委託生産しているメーカーの事例

　中国の複数の製造企業と取引関係を持っていたメーカーA社では、それぞれの企業から自社の国内倉庫に納品してもらう取引をしていた。ところが、各社の工場ロケーションは中国の一部の地域に集中していたが、個別にコンテナを手配していたためフルコンテナでの輸送ができず、コンテナの空きスペースを間借りする割高な物流費となっていた。

　そこで、A社はバイヤーズコンソリデーション能力を有する物流会社を採用して当該企業への海外での物流集約を実行した。その結果、各社の納品先はA社の国内倉庫から物流企業の中国倉庫へと変更され、順次届く小ロット製品をコンテナがいっぱいになるまで出荷のタイミングを調整し、フルコンテナ化率を高めて輸送費の削減を実現した。また、これまでは国内倉庫に届いてから行っていた店舗別の仕訳作業を中国の倉庫であらかじめ行う形態へ

と業務改革し、仕訳作業費用（スペース賃借料、人件費など）を国内相場から中国相場へと低減させることに成功した。

注：複数プロジェクトをもとにありがちな事例を作成

事例／金融機関における現金・メール便の共載化の事例

　日本の金融機関が店舗間で現金や社内メールを移動する場合、繁閑なく安定的な物量が見込まれる場合は定期ルート便を、繁閑が見込まれる場合は臨時チャーター便を活用するのが一般的だ。こうした考え方に基づき、最近では大半の金融機関でこれら定期ルート便を相互に共有（＝共載化）し、定期ルート便の積載率向上によるコスト構造改善を目指す動きが増えつつある。元来、金融機関が取り扱う現金やメール便では厳重な管理が必要とされるため、輸送品質や安全性の観点から他社との共載化は敬遠されてきたが、金融機関においてもコスト低減の必要性に迫られ、共載化など踏み込んだコスト削減施策に着手し始めているのが現状だ。金融機関が現金や社内メールを共載化している現状を踏まえると、多くの事業会社においても自社単独で調達・配送ルート便を保有し続ける実態の見直しを進めてもよいのではないだろうか。

コストと輸送品質のバランスの見直し

　ロジスティクスコストが高止まりしている例として、調達・配送物流に関わる費用対効果が不適切な例が挙げられる。多くの場合では過去にロジスティクス運営上の要件として設定した輸送品質に関わる決め事が、現在の物流技術や考え方に適合しておらず、高コスト・オーバークオリティなロジスティクス運営のまま放置されているのが実態だ。
　消費財メーカーA社の事例に基づき、以降に詳述してみたい。

事例／消費財メーカーA社の過剰品質な物流の事例

　消費財メーカーA社は1980年代前半にアジアへ生産拠点の移管を決定したが、取引先のタイトなリードタイムに対応する必要があった。そのため、

ロジスティクスコストについては、海外生産による原価低減効果を大きく食い潰さない程度の割高さは、許容されていたのが実態だ。しかし、アジア地域の人件費上昇に伴う製造コストの削減効果が薄れるにつれ、輸送リードタイムは厳守されるものの、割高な輸送コストを容認できない事態に近年直面したのである。これは、輸送費が割高であることを前提にしていたために、A社のリードタイムを確実に守れる最も高いスペックの輸送方法（利用する港やルートなど）を採用してきたことが要因であった。加えて、海外展開を開始したときから取引をして慣れ親しんでいた特定の日系企業に委託をし続け、時間の経過とともに丸投げ状態で業務を回す構造に陥ってしまったことも要因となっていた。

現在では、アジア地域の物流業務に関する知見およびコストに優れる地場業者が多数存在しており、地場企業の活用はコスト競争力を確保する手段となり始めている。また、リードタイムも製品分類や取引先の条件を詳細に分析してみることで、1日単位で差異を生み出せることも発見し、この1日の差を、国外も含めた物流業者の使い分けに反映して抜本的な物流コストの削減を実現した。

注：複数プロジェクトをもとにありがちな事例を作成

仕入先との交渉による物流費の適正化

調達物流コストの削減が行われにくい理由は、物流費の管理責任が供給するサプライヤー側にあり、仕入原価にサプライヤーが物流費を含めて納品しているため、製品原価として交渉されてしまっていることにある。そのため、調達物流費を削減するためには仕入原価を製品原価と物流費の2つに分けて内訳を開示させ、それぞれの価格の妥当性を分析しなければならない。実現のポイントは物流費の単価交渉が可能な費目へと適切に分解を行うことだ。調達物流コストを分解すると、多くのケースは海外からの仕入工程が含まれており、海外物流費のコストの妥当性チェックが不可欠である。しかし、このコストはフォワーダー手数料として一括りになってしまっているうえに、市場相場が開示されていない状況だ。したがって、このフォワーダー費用を**図表7-7**に示すように、他社と比較できる構造へ分解して内訳を開示させる

図表7-7　海外物流費

海外物流費の構造

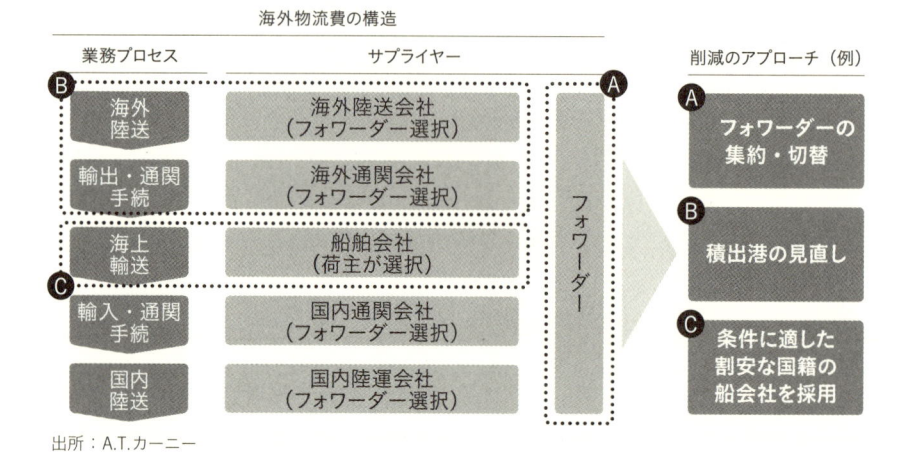

業務プロセス	サプライヤー		削減のアプローチ（例）
B 海外陸送	海外陸送会社（フォワーダー選択）	フォワーダー	A フォワーダーの集約・切替
輸出・通関手続	海外通関会社（フォワーダー選択）		
C 海上輸送	船舶会社（荷主が選択）		B 積出港の見直し
輸入・通関手続	国内通関会社（フォワーダー選択）		C 条件に適した割安な国籍の船会社を採用
国内陸送	国内陸運会社（フォワーダー選択）		

出所：A.T.カーニー

ことがポイントとなる。

配送業務の付加価値・収益源化

　配送業務の役割は、顧客に対して付加価値を提供するものではなく、「いかに早く・安く・確実に」言い換えると、「当たり前の事をできるだけ安価に」が一般的な固定概念だ。しかしながら、一部企業においては配送業務の付加価値・収益源化をも実現しているケースも見られるため、ここでは身近な例に基づきそのアプローチを検証してみたい。

事例／食材宅配業者の事例

　食材宅配業者におけるロジスティクスの付加価値化・収益源化の可能性について事例として取り上げてみたい。近年、食材宅配業者の利用が増加傾向にあるが、これは食材の購入を宅配に依存せざるを得ない家庭環境の増加、

食材仕入れ時に産地や特定生産者を指名する消費者の増加、おいしい食材へのこだわり意識の高まりの増加などが主な要因として想定される。こうした消費者においては、食材宅配業者が提供する宅配サービスは食材調達に欠かせない機能となってきており、付加価値に見合った対価を支払う消費マインドを持っていることが一般的だ。このような事業環境のもとでは食材宅配業者にとっては品揃えと合わせて、宅配サービスを「当たり前の事を安価に」の固定概念からいかに脱却し、競争優位性と収益性の向上につなげられるかがポイントとなる。

　従来、食材宅配業界においては、各食材宅配業者が自社配送網を整備し、個別家庭までの配送を運営する形態が一般的であった。これは、各食材宅配業者が長らく競争優位性の源泉を、きめ細かな家庭訪問時のサービスと低コスト運営（＝当たり前の事を、誠心誠意、安価に）として定義し、これを実現するために自社配送員が週に数回、営業・受注・配送・梱包の1人4役を兼ねて家庭を訪問するロジスティクスを企画・構築する事に注力してきたからだ。こうした競争環境の中、最近では自社配送網の整備を実施せず、宅急便業者へ配送委託をする食材宅配業者も増えつつある。食材宅配業界において、1配送当たりの家庭当たり購入単価は、1カ月当たりの平均的な食材費と配送頻度を鑑みると、多くても4,000円程度が妥当な線だが、このような低単価取引において箱当たり単価が数百円（例：関東内配送の定価は約800円）にものぼる宅配便業者への配送委託は、コスト面だけに着目すればこれまでの常識から考えると極めて異例な状況だ。こうした食材宅配業者について理解を深めるうえでは、ビジネスモデルまで遡った理解が欠かせない。現在、宅配便利用を推し進めている食材宅配業者は、高付加価値な生鮮食品を中心に事業を展開しており、ターゲットとしている顧客は食に対する価格感応度が低い特定の顧客層だ。例えば共働き家庭や、もしくは食材購入にあたり産地や特定生産者を指定する家庭の中には、食材購入にあたりプレミアムの支払いを厭わない家庭がある事は十分に想定される。食材宅配業者は主にこうした家庭に対して事業展開を目論んでいるため、宅配便利用に踏み切ることができる。一方、多少コストは割高であろうとも、宅配サービスを利用することで付加価値が生まれる点にも着目したい。宅配便は、特定の日時に特定のルートを巡回する自社配送と異なり、常時各家庭に対して週末配送や配送時間指定が

可能となる。例えば、価格感応度が低い家庭（リッチ層）では、"食材がちゃんと着く"だけでは不十分である。家庭の個別事情に合わせ、的確な時間に食材が配送される使い勝手が重要な要素となり得、実際食材宅配業者を紹介する比較ランキングホームページ等では、こうしたサービスを提供する業者を"仕事を持つ忙しい主婦の方におすすめ"と評価しているケースも見受けられる。

流通加工を活用したローコストカントリーでの集中在庫保管

　流通加工とは"流通段階で、物流センターの中で商品に付加価値をつけるために行う一連の作業"と定義されており、具体的には検品・値札付けや、パッケージング等が挙げられる。ここでは流通加工を活用することで、できるだけ製品在庫をローコストカントリーにまとめて保管し続ける事例について論じてみたい。

事例／パソコン部品メーカー

　現在、多くのパソコン部品メーカーは中国各地で製品を委託生産し、完成品を世界各国へ船積みして輸出・販売する形式をとっている。この背景には、安価な受託生産業者が集積する中国を生産基地として機能させ、大消費地である先進各国へ供給していくという効率的な仕組みが従来成り立っていたことがある。しかし近年、中国の急激かつ安定的な経済成長は中国を巨大な消費市場へと変貌させ始め、中国を巨大な販売市場と位置づけたサプライチェーンの再構築が不可欠となってきた。このような急激な大規模市場の出現とそれに伴う製品仕様の拡大は、メーカーが市場ごとに異なる仕様の製品在庫を保有するリスクを一気に増大させる。こうした事態への対応策として、流通加工の活用は極めて効果的である。

　例えば、パソコン用マウスを生産しているパソコン周辺機器メーカーの事例では、欧州での販売には欧州主要各国の言語でのパッケージングおよび取扱説明書が、中国での販売では中国語による同様の準備が必要となっている。このとき、マウスのような小型機器の場合、パッケージおよび取扱説明書自

体がコンパクトなため、全言語併記は非常に難しい。そのため、従来どおり需要予測に基づき、仕向け地別に作り分けを実施していては、結果として余剰在庫や在庫不足に伴う機会損失を被ることが想定される。しかし、製品生産をマウスの生産工程と、検品・言語別パッケージングする流通加工工程として分離しておけば（通常の生産工程はパッケージングまでの一貫工程）、こうしたリスクを回避することが可能となる。例えば、マウスの生産自体は従来どおり安価な委託先にて集中生産することにより、製品のパッケージングは、一旦パッケージングされていない状態でコスト・物流上都合が良い物流拠点に保管し、仕向け地別の需要が顕在化したタイミングで、物流拠点にて実施（＝流通加工）すればよい。こうすることで、不確実な需要予測情報に基づき仕向け地別の作り置きをすることなく、各国市場の実需に対応する事が可能だ。また、検品工程を流通加工拠点で実施することも同時に考えると有効なケースもある。製品によっては、仕向け地別に検品基準が異なるため、流通加工拠点で検品を実施し、仕向け地別の検品基準に適った製品の振分け・パッケージングをすれば、製品歩留まりの向上効果も期待できる。こうした点も踏まえると、物流拠点運営の改革を考えるうえでは、あらかじめ流通加工拠点の利用とその可能性に関する検討もすることが重要であると言えよう。

注：複数プロジェクトをもとにありがちな事例を作成

国内物流拠点運営コストの削減

　国内市場で事業を営む以上、国内においても一定量の在庫を保有する必要があるため、国内物流拠点運営コストの削減は今後も取組みが必要な重要テーマといえる。こうした中、コスト削減を主眼において物流拠点を選定した場合、一般的には倉庫賃料が高く且つ人件費も高い首都圏への物流拠点設置は考えにくい。一方、地方での物流拠点運営を検討した場合、拠点の安定運営を実現できるほど確実に労働力を確保できるとは限らず、地方での物流拠点設置も問題がある。こうした中、独特な取組みで首都圏において低コスト・安定的な倉庫運営を実現したA社を例に、国内物流拠点運営コストの削減アプローチについて検討してみよう。

事例／A社における首都圏物流拠点運営の事例

　A社の物流拠点は一般的には賃金水準が比較的高い首都圏に設置されているが、賃金水準は昇給幅を抑えることで高騰を防ぐ一方で、離職率も一般的な水準に対して半分弱、かつ荷役品質は問題のない水準に抑えられている優良拠点である。一般的に賃金水準は特に非正規従業員が多い職場では離職率や品質を維持するうえで重要な要素として考えられているが、A社はこの定説には則らずに地域特性を利用することで、優良拠点の運営を実現しており、その根底にあるメカニズムはその検討粒度の深さという意味で注目に値する。A社が着目した地域特性は、「社員満足は必ずしも時給には比例しない」ということである。周辺には住宅地も広がりを見せており、A社の庫内荷役に従事する非正規従業員の大半は近隣世帯における主婦層であった。こうした主婦層の中には税制上のメリットを考慮し、一定額の年収を取得できれば良いという考え方を持つ者も多く、したがって時給の絶対的な水準にはそれほど興味がない場合が多い。むしろ重要なのは特定の組織に属している安心感や、その組織の中で評価されている充足感などであり、A社の場合は従業員休憩室・団欒室の充実による社員間の一体感醸成と、社員資格・登用制度の充実による向上心の喚起により、金銭的な支出を抑えつつ高い従業員満足度を実現した。更には、本取組みを通じた副次的な効果として、従業員間の程よい競争意識と相互監視状況が確立され、結果として自立改善型の組織として昇華させることに成功した。このように、特に安定的な労働力確保が重要な物流拠点選定においては、一般的には高コスト地域として知られる首都圏近郊においても、地域で得られる労働力の特性にまで踏み込んだ労務設計を実施さえすれば、十分に低コストな物流拠点を構えられるケースもあることがわかる。

　　　　　　　　　　　　　　注：複数プロジェクトをもとにありがちな事例を作成

付加価値化・収益源化を見越した庫内荷役業務の設計

　巧みなロジスティクス設計で収益源化を実現した例について見てみたい。

通販業者は比較的低単価な消費財を、通信販売の形式で消費者に対して販売している企業であり、その品揃えの豊富さと注文したら数日で手元に届く手軽さで、認知度が広まりつつある。こうした通販業者について、特に庫内荷役業務の設計面にフォーカスを当てて検討してみたい。

事例／通信販売業者の事例

　書籍、各種CD／DVD、雑貨などを扱う代表的な通販業者のロジスティクス例を見ると、基本的に配送はすべて宅配業者を活用し、製品は通信販売業者の倉庫を払い出されてから最短で同日、遅くとも翌日には消費者の手元に届けることができる事業形態をとっている。重要な点は、一部通販業者が"特急"サービスの名で、付加価値サービスの提供および物流の収益源化を実現しているケースが見受けられることだ。消費者は商品配送日時を指定する際に、500円を支払うことでオプショナルサービスとして配送日が早まる特急サービスを選択できる。すると、通常2〜3日要する配送期間が場合によっては24時間以内に短縮することができ、特定の顧客に対して極めて意義深いサービスとなっている。一方、こうしたサービスを物流拠点設計の観点で分析すると、興味深いことが推察できる。通販業者各社は元来宅配便を利用した配送を実施しているため、宅配に関わる所要時間の短縮余地は極めて少ない。したがって、自社倉庫からの払い出しタイミングの前倒しが配送日を早めるためには重要となる。これを実現するにあたっては、特急サービスが選択された製品については、庫内荷役の待ち行列をスキップすると同時に、その他製品についても規定の時間内に庫内荷役を終えられるようにする必要があるため、荷役キャパシティー設定や業務量の繁閑管理などの緻密な設計・運営管理を行っている。追加コストはほぼないため上乗せ分の500円はそのまま利益としてカウントできる。この事例においては物流拠点の企画・運営力の先鋭化で、1,000円前後の製品売上に対して粗利を500円上乗せすることを可能にしており、このようなサービスの付加価値化によるロジスティクスの収益源化は業務改革上極めて重要な視点と言える。

第8章

［オペレーション改革］
サービスオペレーション業務改革

本章では、社外の顧客に対して行うサービスのオペレーション（以下、「サービスオペレーション」）について述べる。サービス業にとっては現場そのものであるが、メーカーなどサービス業以外の業態でもコールセンターなどの形でサービスオペレーション機能を持っていることが多い。

Section 1
サービスオペレーション業務の構造

サービスオペレーションは顧客の種類、および顧客との接点の観点から4つのタイプに分けることができる（**図表8-1**）。

まず、対面・B to C（個人顧客向け）が挙げられる。小売業の店頭販売（デパート、スーパー、コンビニなど）、飲食店、個人向けの各種サービス業（塾、スポーツクラブなど）が該当する。こうした業界ではデータではなく勘に基づく人員配置や人ありきのシフト設計で稼働率の低下を招いたり、現場任せの運営で

図表8-1 顧客サービス業務の全体構造

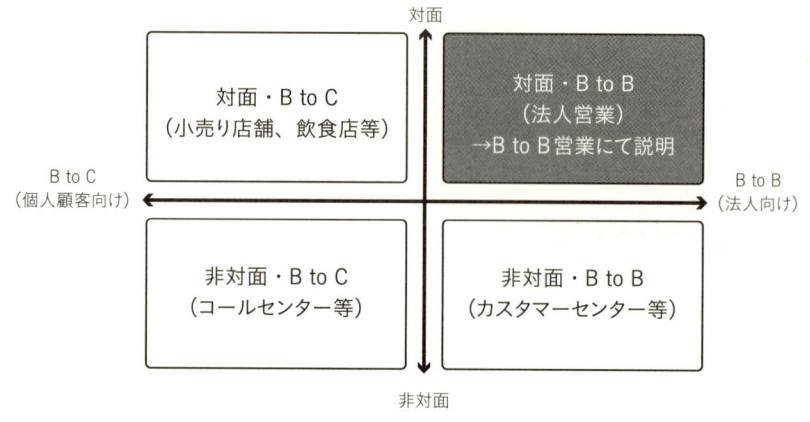

```
                        対面
                         ↑
    ┌──────────────────┐  ┌──────────────────┐
    │    対面・B to C    │  │    対面・B to B    │
    │ (小売り店舗、飲食店等)│  │    (法人営業)     │
    │                  │  │  →B to B営業にて説明 │
    └──────────────────┘  └──────────────────┘
B to C ←─────────────────────────────────→ B to B
(個人顧客向け)                              (法人向け)
    ┌──────────────────┐  ┌──────────────────┐
    │   非対面・B to C   │  │   非対面・B to B   │
    │  (コールセンター等) │  │ (カスタマーセンター等)│
    └──────────────────┘  └──────────────────┘
                         ↓
                        非対面
```

出所：A.T.カーニー

店舗間でのサービス水準のばらつきが発生したりするなどの問題が発生しやすい。

　次に、非対面B to C（個人顧客向け）がある。典型的な例は金融機関・メーカー・通信事業者などの個人顧客向けコールセンターである。コールセンターは不通となる呼量（受電する件数）を現場の判断に委ね、なるべく受電できるような品質レベルを設定しがちである。業務品質を上げていくと、配置すべき人員が階乗的に増加していくため、経営判断を含めてどの程度まで許容するのかを検討することが重要である。またそのときの人員配置、および適切な役割分担の定義とエスカレーションスキームの構築がカギとなる

　そして次に、対面・B to B（法人向け）が挙げられるが、いわゆる法人営業に該当するため、これについては別章にて後述したい。

　最後に、非対面・B to B（法人向け）が挙げられ、法人向けのカスタマーセンターが該当する。B to Bの場合、B to C以上に、単純に業務をこなすだけではなく次の営業案件につなげるように対応することが重要である。つまり、顧客固有の事情の理解、緊急対応といった機能がより重要になり、営業

につながる問い合わせへのセンサーも磨いておく必要がある。一方で、オペレーションが顧客ごとにカスタマイズされる傾向にあり、顧客満足度とオペレーション効率性のバランスを考慮することも重要である。

　このようにサービスオペレーションはいくつかのタイプに分かれるが、以下のような特徴は共通しており、結果として課題の多くも共通している。

- 多様かつ大量の顧客に丁寧かつ手際よく対応することが求められる
- 現場スタッフの多くは派遣社員・パート・アルバイトといった非正社員であり、スキルレベル、勤務形態もマチマチ
- 大量のスタッフを抱え、人件費を中心としたコスト負担が大きい

　本章では、まずは各タイプに共通した課題およびその打ち手を説明し、各タイプに特徴的な課題については後述の事例紹介で述べる。

Section 2

業務改革の必要性と陥りがちな罠

　サービスオペレーションは多様な顧客に対応する必要があり、かつそこでの満足度が企業の売上に大きな影響を与える。そうした意味でサービスオペレーションの現場は競争力の源泉であるが、一方で多数のスタッフを抱えコスト負担も大きいため、質（サービスレベル）とコストのバランスを常に考える必要がある。とりわけ、サービスオペレーションの現場スタッフの多くは派遣社員・パート・アルバイトといった非正社員である。スキルレベル、勤務形態もマチマチで、モチベーションの維持も正社員に比べると難しいだろう。このようなスタッフを率いて日々の様々な場面に対応していく必要がある。

　したがって、質とコストのバランスをどのように定義（目標設定）し、具体

的なオペレーション設計にどのように落としこみ、日々の運営の中での改善にいかに効果的に取り組むかが一貫性をもって検討されないと、競争環境の激化に耐えられないだろう。

　ここで陥りがちな罠について少し述べてみたい。現実には様々な罠が存在する。これらは改革の阻害要因としてまずチェックすべきポイントであろう。

罠①／目指すべきサービスレベルが不明確

　顧客の立場からはきめ細かなサービスはありがたいが、一般的にそれはコスト高をもたらす。逆もまた然りであり、適切なサービスレベルを設定し社内で共有できていない状態で、売上や利益を改善することは構造的に難しい。しかしながら、「何をどこまで重視するか」のコンセンサスがないために、(顧客はそこまで望んでいないのに)一方的に過剰なサービスを提供し採算割れになったり、逆に本来なすべきサービスレベルに到達しなかったりするケースが多い。また、納得感のある人事評価や人材育成も困難になる、といった弊害も生じやすい。

　ただし、サービスレベルは提供する価値のあり方に直結し、その見直しはコスト構造や顧客満足度に大きな影響を与える。したがって最終的には経営の判断が必要になる。

罠②／属人的なスキルに依存した運営

　サービスオペレーションの現場では、顧客のニーズや相対するシチュエーションは様々である。それに対する柔軟性や臨機応変さを重視するあまり、業務の進め方や各種の判断基準が現場任せになっているケースが多い。結果としてサービスレベルや効率性のばらつきが大きくなり、CSの低下やコスト効率の低下を招いてしまうのだ。とりわけ対面B to Cや非対面B to Bのように、プラスアルファの提案や心遣いが要求される現場において、陥りがちな罠である。もちろん、後述するように全てをマニュアル化することは現実的ではないが、一般的にサービスオペレーションの担い手は人材の流動性が高いことを勘案すると、現場での実践を通じた学習に過度に期待すること

は難しい。少なくとも一定のガイドラインや注意すべき事例などは全社で共有・徹底すべきであろう。

罠③／形骸化したマニュアル

逆に、事細かにマニュアル化しすぎたために、誰も読まない、もしくはスタッフにやらされ感を強いるものになり創意工夫の芽を摘んでしまう、ということもある。前述の罠②と同様に対面BtoCや非対面BtoBで陥りがちな罠であり、どこまで標準化するかを見極めることが重要である。例えば、「サービスの現場で想定されるシチュエーションや必要なオペレーションを可能な限り示してそれぞれについてあるべき姿を定義する」のか、それとも「核となる判断基準やいくつかの事例を示して具体的なアクションは各自に委ねる」のかは、個々の会社によって異なるだろう。

また、事業環境や現場のオペレーション力は時間と共に変化する。しかしながら、以前に作成したマニュアルの見直しを怠り、すっかり現実と乖離してしまっている現場も多い。この場合も、マニュアルは誰も読まない代物になってしまう。

いずれにせよ、マニュアルの整備や標準化は目的ではなくて、オペレーションを強化するための手段であることは忘れないようにしたい。

罠④／現場の勘に依存したリソース（人的資源）配分

サービスオペレーションの現場のコストは「いつ・誰を・どこに・何人配置するか」に大きく左右される。しかしながら、この重要な判断を現場の勘に依存したり、パート・アルバイトの都合を優先したりするケースが多い。すると当然ながら、オペレーション効率が日によって、あるいは拠点間で大きく異なってしまう。これらは結果としてコスト高（人員の過剰配置の場合）や顧客満足度の低下（人員不足の場合）をもたらす。こうした課題は現場のリーダーは理解しているものの、「改善方法がわからない」「そんなことをする時間もないしデータもない」というのが実情だろう。本社からの積極的な支援が必要である。とりわけ、対面BtoCの現場でこの罠に陥りやすい。

罠⑤／管理や間接業務に忙殺され本来業務に専念できない

　サービスオペレーションの現場と接してみると、皆忙しそうではあるが、その内訳を詳しく見てみると「それは本当にあなたがしなければならないことか」「もう少し効率的な管理の方法があるのでは」と思われることが多い。

　前述のリソース配分をはじめとして、あるべきオペレーションを求めるとどうしても一定の管理強化が必要となる。ただし、現場が管理業務や会議にばかり追われて本来業務に専念できなくなるのは本末転倒であろう。あるいは、本来であれば他部門が行ったほうが効率的な業務をなぜかサービスオペレーションの現場が担っていたり、本社の各部から五月雨式に来る報告要請（しかも往々にして要請が重複していたり、本社の他部門が該当データを持っていたりする）への対応に忙殺されているケースもある。また、基本的な計数管理を未だに手作業に依存しているケースも散見される。

　いずれにせよ、多数の人員を抱えるサービスオペレーションの現場でこうした初歩的な要因で非効率が生じるのは経営として看過できない問題である。

Section 3
改革のアプローチ

　これまで見てきたような課題を解決するためには、以下のようなアプローチが有効である。

サービスレベルの具体的・定量的な目標を設定し全社で共有・管理

　自社として目指すべきサービスレベルを明確にすることがオペレーション改善のスタートポイントとなる。ただし、事後的に検証可能なように、具体

的・定量的な目標として全社で共有・管理されている必要がある。

　設定に際しては、自社の提供価値の確認を行うことと、社内・競合ベンチマークや顧客調査などを組み合わせることが有効だ。例えば、「1件当たり処理時間は何分までなら許容できるのか？」「競合はどのような水準なのか？」「処理時間は満足度にどの程度の影響を与えるのか？」といった調査をすることで、コストとのバランスも勘案しながら、処理時間の目標時間を設定することができる。

　そして、設定した目標はKPI（業績評価指標）として現場の各オペレーションレベルにブレークダウンして、達成状況を管理することが必要である。

業務量・稼働率・生産性の見える化

　過去の業務量および人員配置状況を分析することで、リソース配分や生産性の改善余地を特定することができる。日次・時間帯別の業務量や人員配置状況が把握されていない現場の場合は、システム上のログデータや場合によっては日誌などの紙ベースの情報を整理する必要があるだろう。こうしたデータを分析することで、稼働率の日次・時間帯別のバラツキや生産性の個人別のばらつきなどがわかる

　実際の改善に結びつけるためには、シフトの柔軟化、業務量の平準化などの施策が必要になる。そのためには、現場が業務量の予測や実績管理を容易にできる仕組みを整備することが必要であろう。また、業務量はキャンペーンや新商品の発売など営業上の施策にも大きく左右されるため、営業部門との情報共有も重要である。

ベストプラクティスの抽出と標準化

　サービスオペレーションでは生産性や顧客満足度についてスタッフ間の個人差や拠点格差が出やすい。そして、その格差の背景は「ちょっとした工夫」「普通の人よりもう一歩掘り下げてやってみる」といったことの積み上げであることが多い。したがってベストプラクティスを探り、その背景やその習得方法をなるべく多くの人が実践できるように形式知化することが重要

である。成功事例の発表会を行っている企業は多いが、表面的な事例紹介に終始し、かつその後の解釈や実践が現場任せになっている場合が散見される。業務の質のばらつきを少なくするためにも、一定のマニュアル化に取り組むべきである。

業務の棚卸しと役割分担の再整理

サービスオペレーションの現場が、科学的で、顧客指向の運営に専念するためには、他部門からの協力を得ることが不可欠である。全体最適な視点から、現場でやるべき業務と本社で集中してやるべき業務、社員がやるべき業務とパートやアルバイトがやるべき業務を再定義することが必要である。そのためには、各スタッフがどんな業務を・どのくらいの時間をかけて実施しているのか、それぞれの業務の目的は何で、どのようなスキルが必要なのか、といったことを網羅的に調査・把握することが必要である。

需要の抑制

店頭、コールセンター、カスタマーセンターへの電話には「問い合わせ」が多い。近年は、店頭やコールセンターなどのスタッフに接しなくても企業のWebサイトなどで大量情報を得ることができる。したがって、よくある質問をWebサイトに記載することで、基本的な質問のコールを減らすことが可能である。それ以外にも、「請求書の内容がわかりにくい」などといった質問も、自社の改善で減らすことができる。

サービスオペレーションの現場のみでは解決できない問題であるため、こうした取組課題を積極的に関連部門に提起していくことが必要である。

アウトソーシングの活用

近年は多数のアウトソーサーが存在する。とりわけ、季節性が強かったり小規模であったりする場合は、自前運営にこだわらずに外注したほうが費用対効果が高いケースが多い。ただし、外注することと丸投げすることは大き

く異なる。KPIを設定し、定期的にパフォーマンスを評価する（場合によっては外注先を見直す）ことの重要性は、自前運営の場合以上に重要である。

Section 4

サービスオペレーション業務改革の事例

　これまで、サービスオペレーションの各タイプに共通している罠およびアプローチについて述べたが、以下では各タイプに特徴的な課題にフォーカスして、ありがちな課題の内容と解決のアプローチについて事例を通して説明する。

事例／個人向けサービス業の店舗オペレーションの事例

　多店舗を展開しているA社は、スタッフの8割はアルバイト・パートで、彼らのスキル・創意工夫やモチベーションが店舗の競争力を大きく左右している企業である。一方で、急拡大中の企業のため正社員も経験が浅い。

　これまではアルバイト・パートの採用・教育やオペレーションが現場任せで、本部は売上しか見ていない状況であった。結果としてアルバイト・パートの戦力化がピーク月に間に合わずに機会損失の発生やCSの低下を招いたり、過剰サービスによる工数増や過剰な人員配置で収益を圧迫したりしており、店舗運営、とりわけスタッフの業務の標準化が喫緊の課題であった。

　これらの課題に対する取組みとして、マニュアル整備を通じた業務標準化を進めることとなった。ただし、マニュアルの「粒度」が大きな論点となった。つまりどこまでルール化し、どこまでを現場の創意工夫に委ねるのか、という論点である。そのため、まずは代表的な業務について各拠点（さらにはその中でも優秀なスタッフと標準的なスタッフ）の業務の進め方の現状を把握したうえで、経営陣と「どこまでルール化するか」について議論した。このあたり

は企業の戦略によって方向性が異なっており、自社の目指す方向性を踏まえた検討が必要である（**図表8-2**）。

経営との議論の結果、マニュアルにおいては最低限のルールを明確に規定するとともに、会社のビジョンや各業務の意義・目的をわかりやすく示すことにした。これは、社員・アルバイトで価値観を共有し、現場の創意工夫を促すことを狙ったものである。また、本社が一方的にマニュアルを作るのではなく、現場の末端のスタッフを巻き込みながら作るようにした。具体的には、現場の末端スタッフ数十人にヒアリングし、陥りやすい罠などの事例をふんだんに載せるなど完成度を高めた。これは参加したスタッフがマニュアルの伝道師役となることも狙ったものである。

そして、出来上がったマニュアルについては、経営から

・このマニュアルを今後の店舗運営の大原則とすること
・マニュアル（特に自社のビジョンや各業務の意義・目的）をもとに仕事のあり方・進め方を現場で議論して、業務の本質の理解を深めてほしい
・マニュアルは定期的に見直す。そのためにも改善提案をどんどんあげてほしい

といったメッセージとともに全スタッフに展開した。

こうした取組みにより、店舗運営の効率性を高めながらも高付加価値サービスの源泉たるスタッフの創意工夫を促すことが可能になった。

このように、真に現場を強くするマニュアルを作るためには、経営と現場が一体になって取り組む必要がある。

注：複数の事例をもとにありがちな事例を作成

事例／個人向けコールセンターの事例

自社運営のコールセンターでは、ある商品について購買意向のある消費者からの電話受付業務が行われていた。業務の拡大に合わせて、コールセンターの規模も大きくなってきたが、その管理は、現場で長年培ってきたものをベースに実施していたため、経営陣および現場の管理者も、効率化を推進したいが、どこから手を付けていいかわからない状態に陥っていた。また、コ

図表8-2 企業の提供価値によってマニュアルの位置づけは異なる

| 提供価値 | 『TPOに応じたサービス（個別対応）』
完成・創意工夫型 ⇔ 『均一なサービス』
機能・効率追求型 |

業務管理方針：自律重視・権限委譲型 ～ 管理・本部統制型

マニュアルの考え方

最低限のことをルール化し、そのうえで創意工夫を促す仕掛けを作る

- 「行うべきこと」と「行うとよいこと」を切り分け、前者は基本動作をルールとして規定。後者は具体的な考え方を規定（テーマパーク）
  - 「全てのゲストに対してVIPとして応対しなさい」という誰にでもイメージしやすい基準（考え方）を伝達し、サービスレベルの下限を設定
  - マニュアルの内容が身についたと判断されるまではスタッフは働けない
- **基本動作や最低限のルールをグローバルで規定する一方で、良いサービスとは何かをスタッフに常に考えさせる仕掛けを作っている（ホテル）**
  - スタッフとお客様の心温まる話を教育用に配信し、「良いサービス」の事例を具体的に紹介
  - スタッフが自社の理念やビジョンを話し合う場を毎日設定している

スタッフの行動全てをルール化・システム化

- 店舗ごとに分刻みのタイムテーブルを作成。また立ち居振る舞いまで含めてこと細かく規定（外食）
  - 「クモの巣取りの作業に○分」など、考えられ得る作業は全て標準工数を設定
  - 「歩くときは1秒に2歩以上」など立ち居振る舞いもルール化
  - 個々人の裁量や能力を排除し、誰でも均一の作業をこなすことを狙う
- **従業員の能力を数値化し、店舗の繁閑に応じて適正な人員配置を算出するシステムを整備（小売）**
  - システム上は個性や意欲等の定性情報は排除し、「どのような業務を」「どれくらいの効率で」という基準で数値化

出所：A.T.カーニー

ストセンター的な意味合いの強いコールセンターは、コストの最小化と、営業サイドからの案件獲得の最大化という要望の間で板挟みとなっていた。
　このケースの課題は、いかに営業的なニーズを満たしながら、コスト効率を上げていくか、見える化していくか、ということであったが、これらを実現できない要因は、大きく分けると以下のとおりであった。

・生産性のバラツキ
・呼量の予測が不十分
・営業との品質レベルの議論が不十分

　まずは生産性のばらつきであるが、各オペレーターが受電から成約に至る確率、およびそれまでに必要な時間が個人個人に依存しており、大きくばらついていた。つまり、ある時間帯のオペレーターの配置によって、成約率が大きく異なったのである。これでは、いくら呼量を正確に予測しても、対処できるボリュームや成果が大きな影響を受けることは避けられない。
　そこでまず、各オペレーターのセグメント（正社員／非正社員、経験年数等）ごとに、現状の生産性（成約率、通話時間）を把握することにした。そしてどのセグメントにも、"できる"人材が存在するので、そこから模倣可能なノウハウを抽出し、そのノウハウを取り入れた場合の"あるべき生産性"を設定した。
　次に、呼量の予測が不十分という課題を解決する必要があった。呼量の予測は、過去数カ月の実績データと、イベント・広告などの定性情報から、管理者が長年の勘で算出していた。もちろん、勘の精度が高ければよいのだが、なかなかそうはいかない。このコールセンターでも呼量の予測が不確実なため、対処方法は厚めに人員を配備する、という方法をとっていたのである。
　呼量は過去数カ月のトレンドというより、商品やサービスの特徴にも依存するが、年間の繁閑のほうがよりトレンドを示していた。また、各イベントや広告も、それぞれ分類していくと、ある程度正確に反応を予測することができたのである。これらを組み合わせて、勘に頼らない予測を実現していった。さらに、データは蓄積されるほど精度が向上するため、最低半期に一度はその予測値を見直すプロセスを導入した。

また、営業との品質レベルの議論をより密接にすることが不可欠であった。営業サイドからすると、受電した電話は全て受けて、1件でも多くを受注したい。しかし、"全て"となったとたんに短期間に非常に多くのオペレーターを配備しておく必要がある。またコールセンター側も、対応品質レベルについて、営業と定性的な議論はするものの、定量的にデータを示しての議論には至っていなかった。結果、お互いに感覚値での議論となってしまい、「営業は要求が過ぎる」「コールセンターはやってくれない」ということになっていた。

　そこで入電件数と不通率、受注率の関係を統計的に分析し、投資対効果の高いポイントをあるべき水準と設定するように変更することにした。営業も最終的にはかけたコストに見合う受注ができているか、という観点を無視しているわけではなく、そのような議論ができないために、高めの要求をしてきていただけであった。

　このような取組みにより、営業のニーズを満たしつつ、コスト効率を向上させ、さらに見える化も実現していく、ということが実現できたのである。

　それぞれの課題事象に対する具体的な打ち手は、数字を使って科学的に現状を把握し、あるべき・目指すべき水準を明らかにし、関係者全員でそれを共有していくことが成功のカギであった。

注：複数の事例をもとにありがちな事例を作成

事例／B to Bカスタマーセンターの事例

　あるB to Bカスタマーセンターは、単なる事務的な受注窓口であるだけでなく、営業的に重要な機能も担っていた。また、営業的に重要な機能については、そもそもの営業担当者との業務機能の切り分けが曖昧な領域で、それらは各現場、各担当者のレベルで個別最適されていた（**図表8-3**）。

　特に営業的な機能に近づくほど、次の新規の提案につながっていく"ニーズの発掘"をする要素や、ダイレクトに顧客満足度を高め"他社と差別化"していく要素が強くなってくる。

　現場で最適化されていたカスタマーセンターと営業の機能の切り分けは、ほとんどのケースが「業務の難易度」で営業とカスタマーセンターの担当者

図表8-3　B to Bカスタマーセンターと営業の機能

事務的 ⇔ **営業的**

カスタマーセンター側：
- 定常的な品目の受注
- データ入力
- 発送指示
- カタログの記載内容レベルの照会
- 請求書発行、等

中間領域：
- トラブル時の対応
- 簡易的な見積り
- 新規品目に対する専門的な質問受付
- 既存品目に対する専門的な質問受付
- 発送先や荷姿の変更、緊急搬送などの特例的な受注、等

営業担当側：
- 顧客ニーズの発掘
- 新規案件の提案
- 既存案件の改善提案
- 正式な見積りと価格・条件交渉、等

カスタマーセンター ⇔ → ← **営業担当**

↓ **重要**

出所：A.T.カーニー

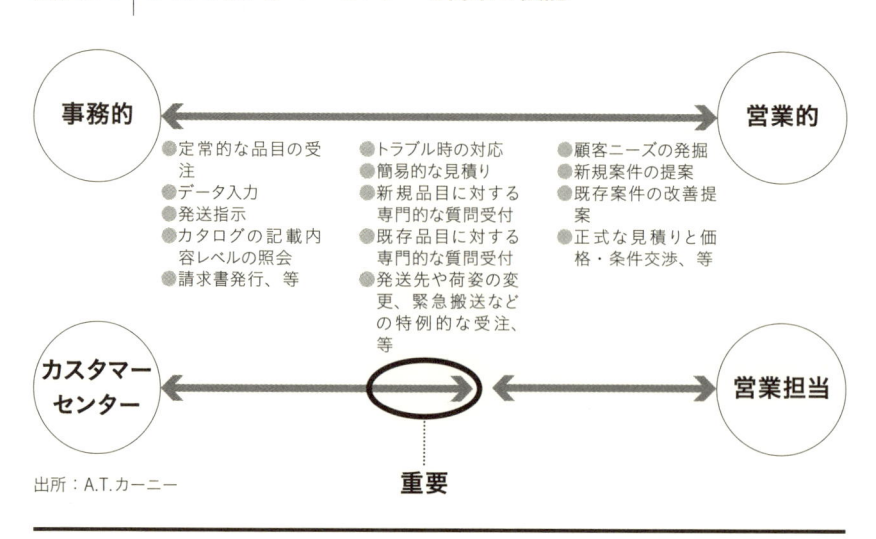

図表8-4　ありがちな機能の切り分け

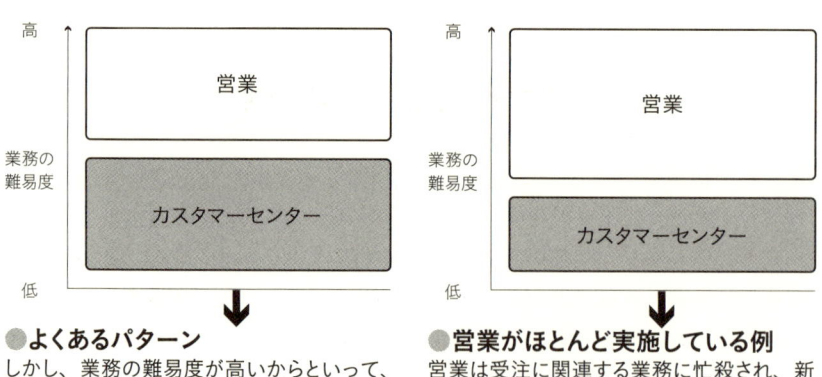

【左図】業務の難易度　高〜低
- 上段（高）：営業
- 下段（低）：カスタマーセンター

● **よくあるパターン**
しかし、業務の難易度が高いからといって、営業が対応することが顧客ニーズを満たすとは限らない

出所：A.T.カーニー

【右図】業務の難易度　高〜低
- 上段（高）：営業（広範囲）
- 下段（低）：カスタマーセンター（狭い範囲）

● **営業がほとんど実施している例**
営業は受注に関連する業務に忙殺され、新規顧客や新規案件の発掘はほとんどできない

図表8-5 あるべき機能の切り分け

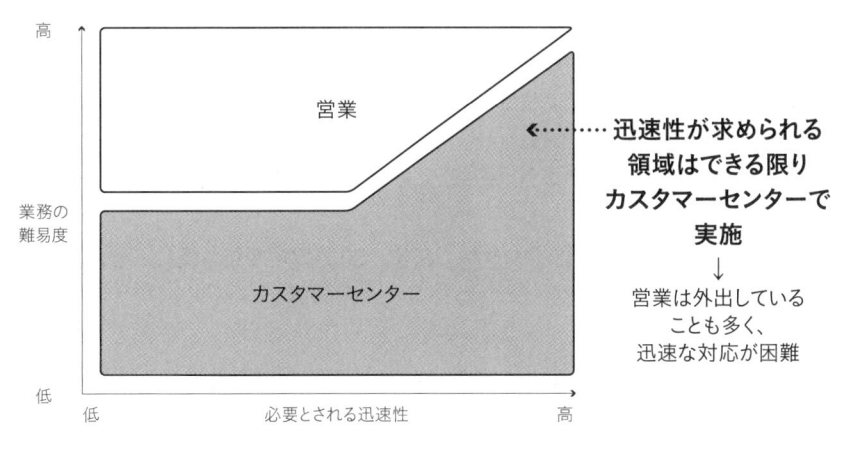

```
高
       ┌─────────────────────┐
       │                    ╱│
       │       営業       ╱  │ ←---- **迅速性が求められる**
業務の  │                ╱    │      **領域はできる限り**
難易度  │              ╱      │      **カスタマーセンターで**
       │            ╱        │      **実施**
       ├──────────╱          │         ↓
       │                     │      営業は外出している
       │   カスタマーセンター  │      ことも多く、
       │                     │      迅速な対応が困難
低     └─────────────────────┘
       低   必要とされる迅速性   高
```

出所：A.T.カーニー

を分けるパターンになっていた（**図表8-4**）。しかしながら、この切り分けパターンには、顧客ニーズの観点が欠如している点が大きな問題である。しかも、担当者によっては、ほとんどの業務を営業が実施してしまっており、新規顧客や新規案件の発掘にほとんど時間を割けない状況に陥っているケースすら存在していた。

改革の取組みとしては、まずは、機能の切り分けの見直しを行った。そのうえで、"対応窓口の特性"に応じてカスタマーセンターで実施することによる"顧客ニーズの充足度"の観点も検討する事にした（**図表8-5**）。

"迅速性"に対する顧客ニーズが高いからといって、全てをカスタマーセンターで実施していては、コストばかりかかって、効果が低い機能まで取り込むことになるため、投資対効果の高い範囲で、カスタマーセンターが実施するべきである。

そこで、具体的な打ち手を検討するために、徹底的な顧客ニーズの把握を行った。どのような依頼に対して、具体的にどのレベルの対応力、対応品質が顧客にとってありがたいのか、他社と差別化できるのか。抽象度の高い、

対応力や対応品質をできるだけ具体的に把握した。

　例えば、新規品目に対する質問については、以下のようなレベルまで掘り下げることで、具体的な業務設計が可能となった。

- どのような品目について：全部なのか、販売額ベースで5割程度をカバーする販売額上位の品目なのか等
- どのような質問を：カタログに記載のレベル、用途や実績等のカタログ外のレベル等
- どの程度の迅速性で対応すべきか：即答、30分以内で折り返し、翌営業日までに折り返し等

　そのうえで、それらの顧客ニーズを満たし、投資対効果の高い範囲で、最も効率的な業務プロセスを設計し、全社に徹底していくことで、品質と効率化の2つを高めることを実現した。

注：複数の事例をもとにありがちな事例を作成

第9章

［オペレーション改革］
B to B 営業業務改革

営業活動の業務改革のためには、営業活動を構成要素に分解し、どこに本質的な課題があるかを明らかにしたうえで集中的な課題解決を図ることが重要になる。

図表9-1　営業課題解決の6ステップ

戦略課題の解決		実行課題の解決			
ステップ① 戦略・ ターゲティング の明確化	ステップ② 戦略と 個別活動との リンク	ステップ③ 営業の 役割定義と活動 の標準化	ステップ④ 営業活動の 効率化	ステップ⑤ 営業体制の 構築	ステップ⑥ 営業活動の PDCAの 仕組みの確立
・営業方針確立 ・セグメンテーション ・ターゲットセグメントの特定 ・ターゲット別アプローチ明確化 ・意思決定者へのリーチ方法 ・価格戦略確立	・戦略を営業が認識できる個別活動へ落とし込む	・あるべき営業活動内容標準化 ・訪問活動優先順位付けと投入時間量明確化	・間接業務を圧縮し付加価値営業時間を最大化	・エリア別人員体制（配置人数）明確化 ・顧客別対応体制明確化	・営業活動の全体PDCAサイクル確立 ・個別活動のモニタリングと個別PDCAサイクル確立

「オペレーション改革」の論点として
本章にて重点的に解説する部分

出所：A.T.カーニー

では、BtoB営業活動の全体像および構成要素を、どのように捉えればよいのだろうか。本章では、営業活動の全体像を6つのステップに分けて考えていくフレームワークとして「営業課題解決の6ステップ」を紹介したい（**図表9-1**）。

Section 1

営業活動の構造

　課題解決のステップは、大きくは、「戦略課題の解決ステップ」と「実行課題の解決ステップ」の2つの範囲に分かれる。そしてこれらが、6つの課題解決ステップに細分化される構造になっている。

　ステップ1は全ての活動の出発点となる「戦略・ターゲティングの明確化」のステップである。まず、戦略方針として、既存顧客を中心としたシェアアップを狙うのか、クロスセル・新規用途の訴求を図るのか、新規顧客開拓に重点を置くのか、すべてを狙うのか、方向性を明確化しなければならない。

　そして、営業活動で具体的に実行できることを念頭に置いた軸で顧客セグメンテーションを行う。収益性・規模・成長性などの状況や競合他社の動きなどをセグメントごとに把握する必要がある。また、セグメントにおける顧客ニーズの把握も必要である。

　次にこれらのセグメントごとの情報をもとに、ターゲットセグメントを明確化する。この場合、一般的には、セグメントの収益性と規模・成長性・競争優位性・切り替え障壁の有無など戦略ポテンシャルがターゲティングの重要な基準となる。さらに、特定されたターゲットセグメント別に攻略するためは、どのような提供価値が必要かを明確化しなければならない。競合他社を超える、経済ベネフィット（価格）なのか、製品性能なのか、サービスなのか、どこで自社の競争優位性を示すのかを明らかにする必要があり、そのためのアプローチを特定しなければならない。施策としてのアプローチにリンクした形でセールス情報のメッセージも明らかにすることが不可欠である。

また、提供価値の重要な要素として、価格については特に吟味する必要がある。さらに、顧客組織の意思決定メカニズムを解明し、意思決定に関与する人物（組織）へのアプローチ方法も確立する必要がある。

　ステップ2は「戦略と個別活動とのリンク」のステップである。マーケティング部門や営業企画部門などの立案する戦略は、マス市場が対象で、プロダクト中心であり、個別顧客に対してプロダクトミックスで活動している営業からは戦略が理解しにくい場合も少なくない。したがって、企画部門の立てた戦略を営業活動で有効なものとするための翻訳が必要となる。マスで捉えられているセグメントをより営業が理解しやすいサブセグメントに分解したり、自分の担当顧客のセグメントが何であるかを判定できる営業ツールを作成したり、営業活動に落とし込むステップが営業戦略を完成させるためには必須と言える。

　ステップ3は「営業の役割定義と活動の標準化」のステップである。付加価値のある営業活動とは何かを問い直し、あるべき営業活動を定義しなければならない。営業活動のプロセス（ドアオープン、提案、価格決定など）を明確化してそれぞれのプロセスごとに営業担当者が実行すべき内容を特定する。さらに営業活動の生産性を上げるためにも、顧客訪問の優先順位とそれぞれの訪問における必要時間と活動内容を明らかにする。これが、人的資源配分基準としてエリア別の人員体制（配置人数）を決定するベースともなる。

　ステップ4は「営業活動の効率化」のステップである。営業が顧客との商談などの付加価値のある営業活動に費やせる時間を拡大するために、付加価値の低い間接業務時間を圧縮する必要がある。営業の間接業務時間の内容を把握したうえで、効率化施策を策定して間接業務時間を最大限圧縮する。

　ステップ5は「営業体制の構築」のステップとなる。まずは、エリア別人員体制（配置人数）を明確化することが必要となるが、そのためには、ステップ3で訪問活動の優先順位付けと投入時間量を明確化したうえで、ステップ4で間接業務を圧縮して付加価値営業活動に使える時間を増加させることが前提となる。各エリアにおけるターゲット顧客数をベースにエリアごとの必要営業投入時間量が規定できるので、これと営業担当者1人当たりの営業活動時間を対比することにより、エリアごとの必要人員数が明確化できる。さらに、営業体制としては、各顧客のニーズや特徴に合わせて、対応する営業

のチーム構成を検討することが求められる。チーム構成は営業担当者だけでなく、マネージャーやサポートスタッフも含めて検討することが重要である。

最後にステップ6は「営業活動のPDCAの仕組みの確立」である。個別担当者レベルで、アカウントプランに基づく活動をモニタリングし、営業活動を修正していくPDCAのサイクルを回すとともに、営業部門全体でもモニタリングとレビューのPDCAを確立することが求められる。

ステップ1、2は「戦略課題の解決」、ステップ3〜6は「実行課題の解決」と分類できる。オペレーション改革について論じている本章においては、特にステップ3〜6「実行課題の解決」に焦点を当てて、「改革アプローチ」を見ていきたい。

Section 2

業務改革のアプローチ

「実行課題の解決」に該当する4つのステップ、すなわち「営業の役割定義と活動の標準化」「営業活動の効率化」「営業体制の構築」「営業活動のPDCAの仕組みの確立」における「改革のアプローチ」について説明したい。

「営業の役割定義と活動の標準化」におけるアプローチ

営業活動とは日々刻々と変わる経営環境の中で、生身の顧客を相手にしている活動なので標準化など不可能であるし不要である、と考える営業担当者もいるかもしれない。しかし、標準モデルを定義するのは可能であり営業の生産性向上には不可欠と言える。基本の「型」に習熟しているからこそ、応用力も出てくるのである。

BtoB営業は、「組織」としての戦いである。営業担当者それぞれの「個人」としての知恵や工夫を、「組織」としての知恵や工夫に昇華させる仕組

み、あるいはベテラン営業担当者の優れた営業活動のエッセンスを若手に伝えていく仕組みがある企業は強い。したがって、「型」となる営業の標準モデルを作り、活用することが重要である。

　実践的な営業活動の標準モデルを作るためには、まずは営業活動のプロセスを見渡したうえで、ボトルネックとなりやすいプロセスはどこかと考えていくとよい（**図表9-2**）。

　営業活動のプロセスを見るとまずドアオープンのプロセスがある。基本的なニーズなど、簡単な質問をベースにセグメントを把握して攻略対象とすべきかどうかを明確化するプロセスである。

　次にニーズの詳細確認のプロセスである。顧客の事情に応じた具体提案をするために、詳細に顧客ニーズを確認する。さらに、競合の状況や顧客の現状のニーズに対する充足度などを把握する。このプロセスが確立できなければ納得性の高い提案書は作成できない。

　そして、提案プロセスでは、顧客の固有の状況を十分反映して提案を行うことが重要である。

図表9-2　営業プロセスのボトルネックの改善

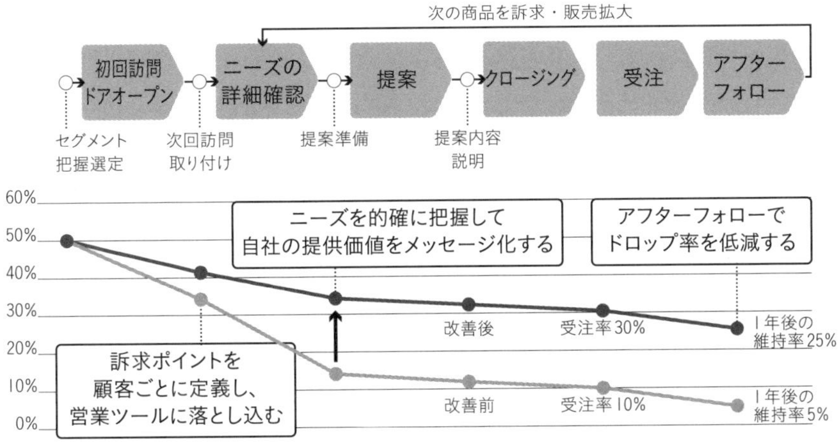

プロセス: 初回訪問ドアオープン（セグメント把握選定）→ ニーズの詳細確認（次回訪問取り付け）→ 提案（提案準備）→ クロージング（提案内容説明）→ 受注 → アフターフォロー → 次の商品を訴求・販売拡大

改善前: 受注率10%、1年後の維持率5%
改善後: 受注率30%、1年後の維持率25%

- ニーズを的確に把握して自社の提供価値をメッセージ化する
- 訴求ポイントを顧客ごとに定義し、営業ツールに落とし込む
- アフターフォローでドロップ率を低減する

出所：A.T.カーニー

クロージング／受注プロセスで最も重要なのが、切り替え障壁を下げるための努力である。最後の一押しのための備えが必要となる。
　アフターフォロープロセスでは、取引開始から後のドロップ率を把握すべきである。顧客を囲い込み、離反を最小化しなければ、販売は拡大しない。既存顧客のフォローについてオペレーションが別部隊になっている場合には、なおさらアフターフォローの状況を確認する必要がある。
　このような各プロセスの状況を確認して、ボトルネックとなるプロセスを把握することが重要である。受注率など結果だけで営業の状況を判断するのではなく、各段階のプロセスを見てどこに本質的な営業活動の課題があるのかを把握して修正していくことが営業力強化には不可欠である。

図表9-3　ベストプラクティスによる営業活動プロセスの標準化

	顧客への提案活動プロセス				
	提案準備			プレゼン	フォローアップ
プロセス	アンメットニーズ把握・競合把握	他の営業から同様の成功事例収集	マーケティングなど他部門との連携	説明方法・参加者確認	プレゼン後に顧客に状況確認
成功要件	自社としての提供価値を提案メッセージに作り込む	同様な状況は他の営業も経験しているはず。営業の衆知を集める	顧客対応で提供できる内容の自由度を広げるために他部門とも協働	全社を挙げた取組みにする	切り替え障壁への対応など最後の一押しを検討する
ベストプラクティス	顧客の充足しないニーズと当社としてできる選択肢をピックアップ	現在の状況を各営業マネージャーに打診し、成功例をピックアップ。提案に入れる	マーケティング部門と協議して価格やサービス対応など、営業として提供できる内容を確認	営業だけでなく、マーケティングや開発などもプレゼンに参加	プレゼン直後に連絡して、最後の一押しとして必要な内容を確認する
多くの営業の状況	自社製品の性能アピール中心のメッセージを作成	独力での提案準備に終始	独力での提案準備に終始	必要に応じて開発部門の参加は依頼している模様	プレゼン後のフォローは比較的行われているが切り替え障壁対応は考えていない
現状の評価	×	×	×	△	×〜△

出所：A.T.カーニー

これらの営業活動プロセスのどこにボトルネックがあるのかを把握するためには、日頃から、営業活動の進捗をモニタリングできていなければならない。営業が新人の場合には、比較的早い段階のプロセスに問題があり、先に進まないケースが多いのではないだろうか。一方、ベテランの場合でも、最後のクロージング・成約のプロセスは要注意である。もう少しのところまできて商談がクロージングできない場合には、心理的な切り替え障壁を取り除く方策を考えるなど、状況に応じて営業活動を後押しする施策が必要となる。それぞれのプロセスの中で、何が最も大きな営業活動上の課題となっているのかを把握したうえで早期に改善策を確立すべきである。

　また、最もボトルネックとなっているプロセスを重点的に改善することは重要であるが、同時に、営業活動のプロセス全体の底上げを検討することが必要である。そのためには、社内におけるベストプラクティスを標準化することをお勧めしたい。たとえば**図表9-3**は顧客への提案活動のプロセスであるが、提案活動のプロセスをさらに準備・プレゼン・フォローアップなどの詳細プロセスに分解して、それぞれの成功要件をベストプラクティスから抽出して、現状と比較したものである。このように詳細化したプロセスごとにベストの活動内容を明確化する必要がある。

　詳細な活動状況の中で、本来どうあるべきかを明確化し、雛型を用意することにより、新人でも実行すべき内容が具体的に理解でき、活動の生産性は大幅に向上するだろう。各営業のプロセスの棚卸しをしてベストプラクティスを標準化することは、営業のパフォーマンス底上げの重要な打ち手となる。

「営業活動の効率化」におけるアプローチ

　営業改革を進めようとすると、顧客に対面する社外活動にばかり目が向きがちであるが、営業活動における間接業務（会議、稟議書や報告書といった資料作成等）を圧縮し、営業の生産性を向上するインパクトは大変大きい。よく営業の数が足りないのでポテンシャルのある顧客を十分にカバーできないという話を聞くが、まず増員を検討する前に、業務効率化を検討すべきである。標準的なプロジェクトのモデルで効果の度合いを紹介しよう（**図表9-4**）。

　例えば、従来付加価値活動に費やしていた時間の割合が20％（顧客との商談

図表9-4 営業活動の生産性向上における効果・インパクト

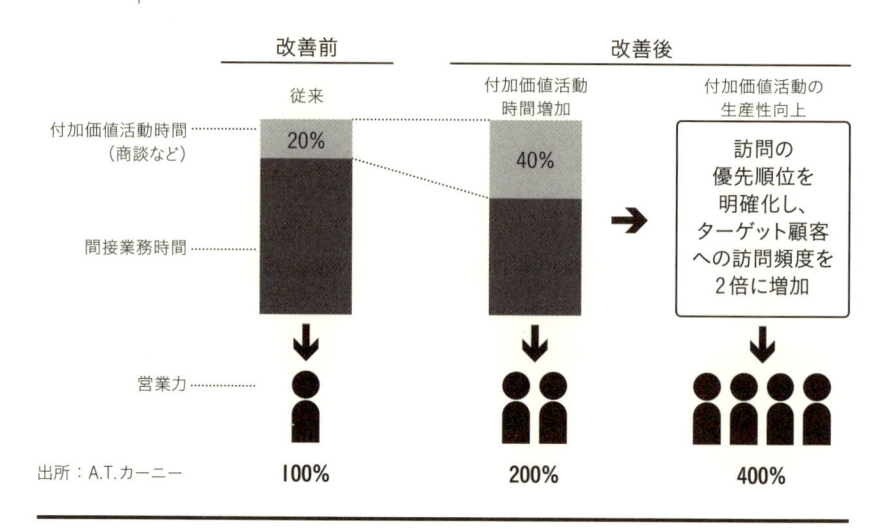

改善前／改善後

- 付加価値活動時間（商談など）：従来 20% → 付加価値活動時間増加 40% → 付加価値活動の生産性向上：訪問の優先順位を明確化し、ターゲット顧客への訪問頻度を2倍に増加
- 間接業務時間
- 営業力：100% → 200% → 400%

出所：A.T.カーニー

など）であったものが、間接業務の圧縮を通して40％まで拡大し、さらに訪問の優先順位を明確化し、ターゲットとなる顧客に従来の2倍の頻度で行くようになった場合を考えると、これは実は販売力が4倍に増加することを意味する。このように、間接業務を圧縮して営業の生産性を向上することにより営業力は飛躍的に増強できる。

営業間接業務の圧縮にあたっては、どのような業務があるか棚卸ししたうえで、それぞれの業務を、投入要員などの「インプット」、業務を処理する「プロセス」、業務の「アウトプット」という3つの観点から構造的に把握・チェックすることが有効である。これらの視点を踏まえ、実際に営業間接業務を効率化した事例を見ていこう。

事例／営業間接業務圧縮の事例

伝統的な重厚組織の日本企業において、営業担当者の生産性が問題となっており、効率化が求められていた。企業風土的に保守的で管理志向が強く、

営業の事務作業が増加しており、営業の生産性が低下していたのだ。そして今後、新製品の投入を含めて、販売拡大を狙うにあたって、営業間接業務の圧縮と、それによる正味の営業活動時間の増加が急務となっていた。

改革のアプローチとしては、まず管理指向が強い重厚組織の日本企業であることから、アウトプット業務の過剰品質をまず疑うことから入った。販売報告の他にも、市況状況・顧客状況など各種の報告書が様々な企画部門から要求されており、重複した報告書が多いことが判明した。また、中にはほとんど利用されていないにもかかわらず、従来からの規定業務として作成している資料があることも判明した。対策としては、複数企画部門からの重複した報告書を必要なものだけにまとめて一本化し、利用目的が不明確な報告書は廃止した。このような過剰サービスを廃止することにより、営業の間接業務の実に15％を圧縮することができた。

また、プロセスの部分については、特に稟議書の多さに注目した。かなりリスクの小さな案件においても、事業部長や役員の承認が必要となっていたので、営業部門長の判断で承認できる項目を増やし、権限移譲を図った。同時に、顧客へのクレーム対応など、バックオフィスで十分対応可能な業務を抽出して、バックオフィスで集約的に業務を実施することにより、営業の間接業務を減らすとともに、業務の専門特化によって、顧客対応が効率的にできるようになった。

インプット部分については、会議が多いことが明らかであったので、会議の内容を精査し、会議時間に一定のルールを設定するとともに、付加価値が認められない会議は廃止し、連絡事項などメールで十分済むものについてはメール対応を徹底した。

このようなインプット、プロセス部分の改善によってさらに間接業務を15％圧縮することが可能となった。アウトプット部分の圧縮と合わせて、合計で30％程度の間接業務圧縮を実現した（**図表9-5**）。結果としてみれば、報告書など過剰サービスのアウトプット部分の効率化余地が大きく、日本的な大企業に多く見られるパターンと言える。

注：複数の事例をもとにありがちな事例を作成

図表9-5　営業間接業務の効率化例

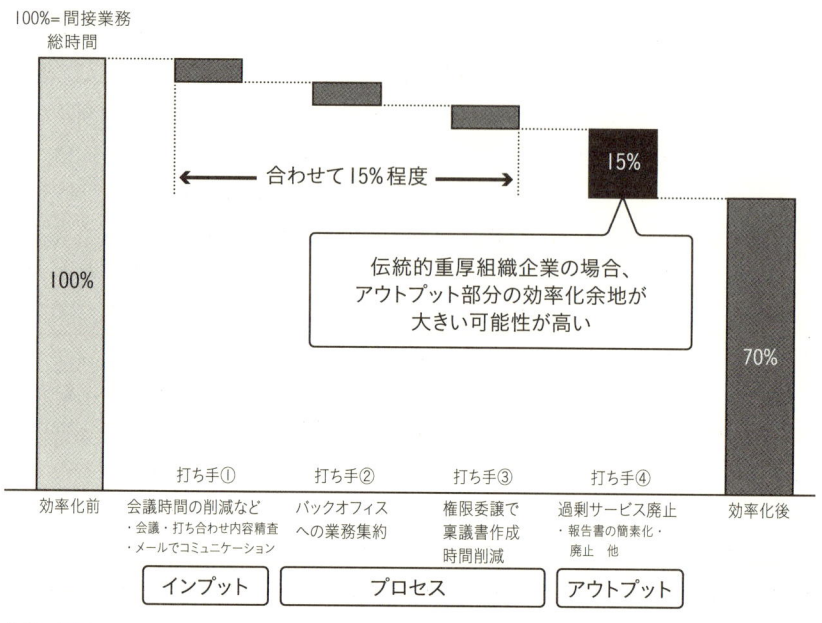

100%＝間接業務総時間

効率化前　100%

打ち手①　会議時間の削減など
・会議・打ち合わせ内容精査
・メールでコミュニケーション

打ち手②　バックオフィスへの業務集約

打ち手③　権限委譲で稟議書作成時間削減

合わせて15%程度

打ち手④　過剰サービス廃止
・報告書の簡素化・廃止　他

15%

伝統的重厚組織企業の場合、アウトプット部分の効率化余地が大きい可能性が高い

効率化後　70%

インプット　｜　プロセス　｜　アウトプット

出所：A.T.カーニー

「営業体制の構築」におけるアプローチ

　顧客や製品に関する有効な戦略や具体的な営業活動を確立し、こつこつと実行している一方で、営業体制面、特にエリアごとの営業人員数の張り方についてきちんと検証できていないために機会ロスが生じているケースが散見される。「何年も前に決められたエリアごとの営業人員数を見直していない」「エリアの別を問わず全国一律に営業人員数を増減させる」「声の大きなエリアマネージャーに押されて感覚的な人員配置になっている」といったケースだ。

図表9-6 | 各エリアの営業配置とターゲット顧客のカバー状況

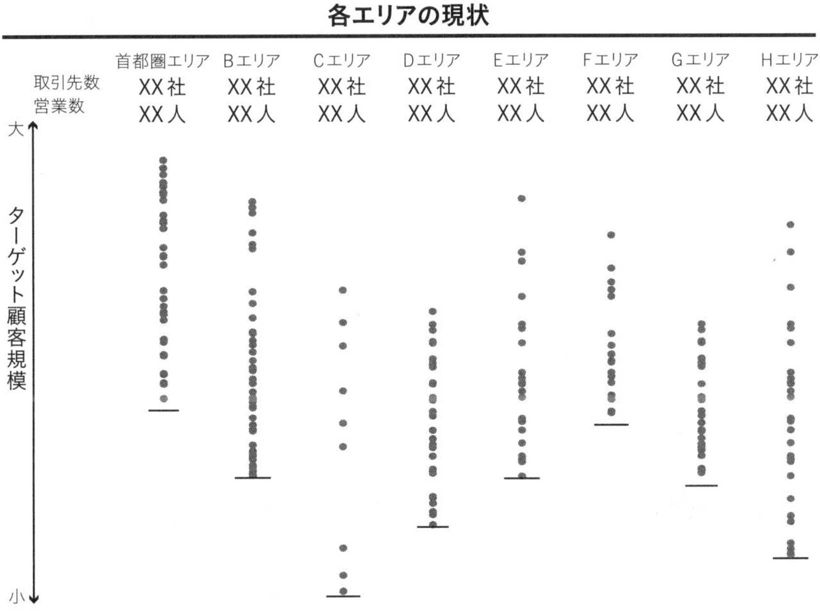

各エリアの現状

	首都圏エリア	Bエリア	Cエリア	Dエリア	Eエリア	Fエリア	Gエリア	Hエリア
取引先数	XX社	XX社	XX社	XX社	XX社	XX社	XX社	XX社
営業数	XX人	XX人	XX人	XX人	XX人	XX人	XX人	XX人

ターゲット顧客規模 大⇔小

出所：A.T.カーニー

　せっかくの営業戦略の効果をきちんと発揮するために、エリアごとの営業人員配置の最適化は不可欠である。

　多くの企業にとって、現有の営業人員数では、全てのターゲット顧客をカバーすることが困難な場合が多い。このような場合には、たとえ各エリア別の必要配置人員数が明らかになっても、営業の数が足りないので、さらに各エリア別にどこまで人員を配置するかを検討することが求められる。ターゲット顧客に対してリソース配分上の優先順位をつけて、全体最適の観点からエリア別の人員配置を検討することが必要となるのである。

　たとえば、**図表9-6**のような状況はよく見受けられる。確かに、重点顧客に対して営業を配置してはいるが、全国ベースでエリア間の比較をしてみる

と、エリアによって営業がカバーする顧客の規模にかなり違いがありバランスが悪い。例えば首都圏エリアでは営業は大型顧客中心で、中堅の優良顧客については十分カバーしきれていないのに対して、地方については小規模までカバーしているような状況である。地方の小規模カバー分の営業担当を首都圏に再配置することにより、営業力のエリアバランスは最適化できるだろう。このように、全体を見て、営業人員配置の最適性を検証することが必要だ。

　読者の会社においても、営業担当者の顧客売上規模を各エリア間で比較してみるとよいだろう。**図表9-6**のような状況は見られないだろうか。地方の場合は、顧客規模がどうしても小さくなる。数はそれなりに多いので、営業担当者の数も必要となるが、首都圏などは規模も大きく、顧客数も多いはずである。営業は有限の資源である以上、営業力を強化するためには、営業担当者を最適に配置することは不可欠である。場合によっては、首都圏や東名阪に営業を集中するなど、エリア集中の発想も必要となるだろう。

「営業活動のPDCAの仕組みの確立」におけるアプローチ

　営業活動において結果指標のモニタリングが重要であることは言うまでもない。しかし、活動の生産性を上げるという観点からは、活動の進捗をモニタリングし、つまずきをサポートする事が重要である。進捗状況をタイムリーに把握して、個別担当者をサポートすることが求められるのだ。

　アカウントプランどおりに状況が進んでいれば問題はないが、実際には計画どおりにいかないものである。特に、新人の営業スタッフの場合には、想定外の状況が起こったり、壁にぶつかったりした場合に、なかなかその状況から抜け出せないことが多い。そしてこのことに気がつかないでいれば、時間が過ぎ、チャンスを逃し、計画未達になりかねない。個別担当者のつまずき状況を常にモニタリングして、タイムリーにサポートすることが営業活動の実践では必須であり、マネージャーの重要な役割である。

　そのためにも、当初の目標感から見て、主要顧客の攻略が現状どの程度進捗しており、どの段階で滞っているのかがモニタリングできなければならない。このような進捗モニタリングのためには、単に結果指標だけでは状況が

図表9-7 進捗状況のモニタリング

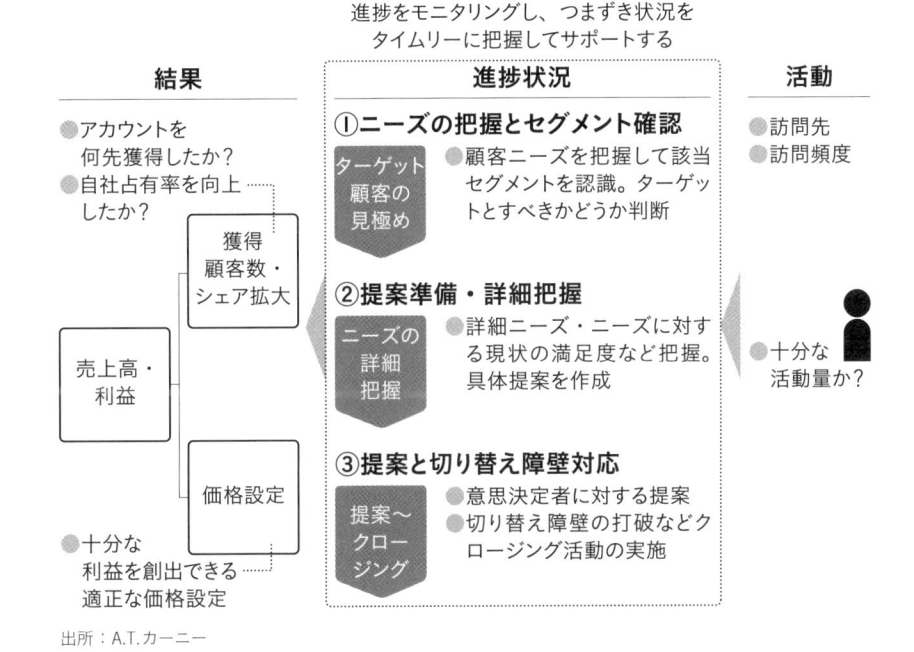

進捗をモニタリングし、つまずき状況を
タイムリーに把握してサポートする

結果
- アカウントを何先獲得したか？
- 自社占有率を向上したか？

→ 獲得顧客数・シェア拡大

売上高・利益

→ 価格設定

- 十分な利益を創出できる適正な価格設定

進捗状況

① **ニーズの把握とセグメント確認**
　ターゲット顧客の見極め
- 顧客ニーズを把握して該当セグメントを認識。ターゲットとすべきかどうか判断

② **提案準備・詳細把握**
　ニーズの詳細把握
- 詳細ニーズ・ニーズに対する現状の満足度など把握。具体提案を作成

③ **提案と切り替え障壁対応**
　提案〜クロージング
- 意思決定者に対する提案
- 切り替え障壁の打破などクロージング活動の実施

活動
- 訪問先
- 訪問頻度

- 十分な活動量か？

出所：A.T.カーニー

把握できないので、現状の進捗を管理しモニタリングする仕組みが不可欠と言える（**図表9-7**）。

第10章

[オペレーション改革]

製品開発と
マーケティング業務改革

本章では新製品（顧客に提供する製品やサービス）の企画・開発とその販売促進のために付加価値を顧客に伝えるための様々なプロモーションを企画・実行していく一連の業務を取り上げ、その業務改革のポイントについて述べてみたい。

Section 1

業務プロセスと
業務推進体制

製品開発・マーケティングのプロセスは大きく、技術（商品・製品の設計）、マーケティング（販売促進）、生産の3つで構成される。概要は**図表10-1**のとおりだが、現実には更に詳細な作業が含まれる。これらの作業プロセスは流れ作業的にシーケンシャルに進むのではなく、技術、マーケティング、生産が連携しつつ併走するため複雑になる。技術、マーケティング、生産それぞれの専門性の追求と全体の統合を両立させて、創造性と効率性を追求する難易度の高い業務である

図表 10-1　業務プロセス

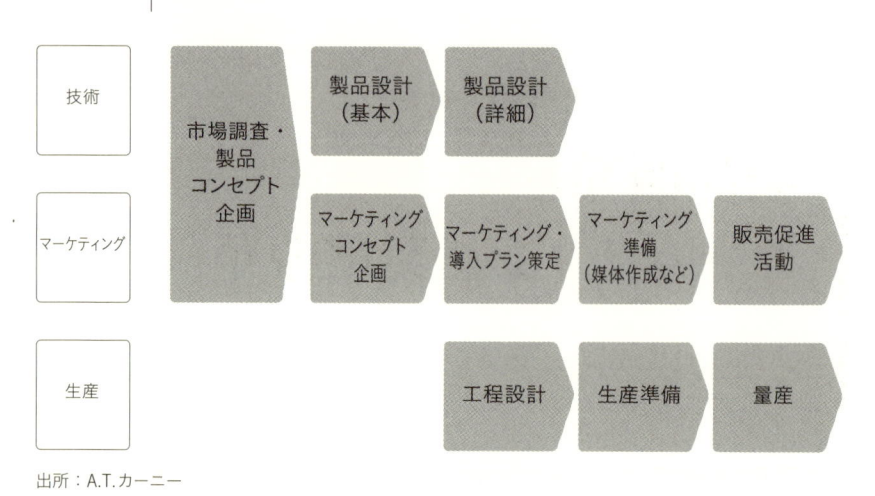

技術	市場調査・製品コンセプト企画	製品設計（基本）	製品設計（詳細）			
マーケティング		マーケティングコンセプト企画	マーケティング導入プラン策定	マーケティング準備（媒体作成など）	販売促進活動	
生産				工程設計	生産準備	量産

出所：A.T.カーニー

　業務推進体制を考えるうえでは、主要機能の専門性の発揮と全体の統合のバランスをどうとるかが重要となる。とり得る体制オプションは、技術・マーケティング・生産などの機能別組織、プロジェクト（あるいは事業）組織、そして機能型とプロジェクト型との中間型となるマトリックス型組織の3つだが（**図表10-2**）、それぞれにメリット・デメリットがあるため、事業の特性に応じて最適なものを選択することが必要となる

Section 2

業務改革の必要性と陥りがちな罠

　製品は企業が顧客に提供する付加価値そのものであり、顧客ニーズを捉え

図表10-2　業務推進体制の分類

	機能軸	マトリックス	プロジェクト（事業軸）
	技術／マーケ／生産／営業	技術／マーケ／生産／営業（横断バー2本）	技術／マーケ／生産／営業（横断バー2本）
メリット	●各機能・分野の強化・イノベーションを促進しやすい ●知見の組織蓄積が容易	●機能軸、プロジェクト軸両方のいいところ取りが可能	●開発製品コンセプトの共有と実現に向けた機能間の協業が容易
デメリット	●開発製品コンセプトの共有と実現に向けた機能間の協業が行いにくい	●優秀なプロジェクトマネージャーが必要	●機能軸での知見の蓄積やイノベーションが発揮しにくい ●各機能の開発プロセス上の業務の繁閑を吸収できない

出所：A.T.カーニー

た製品の開発には十分なリソースを投入することが基本であり、業務効率化の対象となりにくいと思われがちだ。しかし、製品開発競争が激化する中、開発の効率化による開発期間の短期化は不可欠であり、グローバル競争を睨めば、開発コストそのものの抑制も避けては通れない課題となっている。更に、製品の仕様・設計は、生産、物流、営業、事務・カスタマーサービスなどの会社全体の業務の複雑性、業務効率を決めることになる。顧客ニーズを捉え、より訴求力の高い製品を開発すると同時に、全社の業務効率も考慮した開発が重要となってくる。

　また、製品機能面での差別化余地が小さくなる中、製品を顧客に訴求していくマーケティングの巧拙が競争力の大きな要素となりつつある。情報媒体

図表10-3　製品開発・マーケティング業務の罠

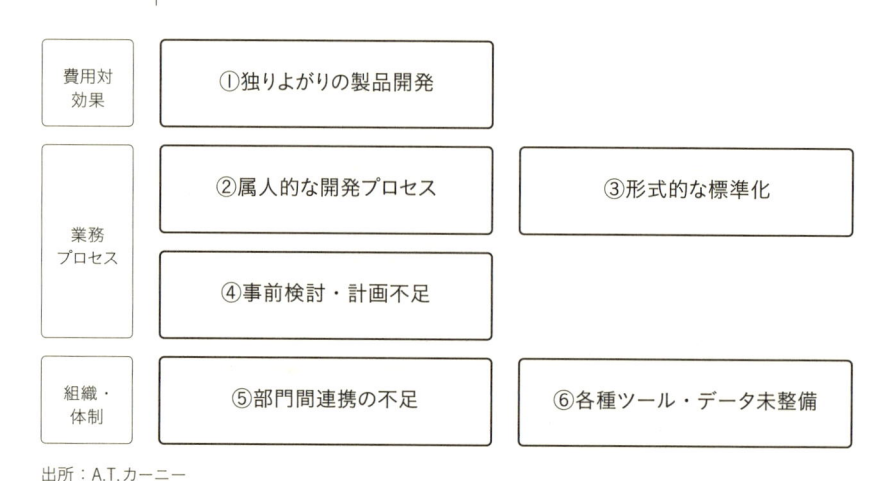

費用対効果	①独りよがりの製品開発	
業務プロセス	②属人的な開発プロセス	③形式的な標準化
	④事前検討・計画不足	
組織・体制	⑤部門間連携の不足	⑥各種ツール・データ未整備

出所：A.T.カーニー

の多様化により、マーケティング業務も従来以上に複雑になっており、マーケティング業務の効率化・強化も急務である。

　ここで陥りやすい製品開発・マーケティング業務の罠についていくつか見てみよう（**図表10-3**）。現実には様々な罠が存在する。これらは改革を阻害する要因としてまずチェックすべきポイントであろう。

罠①／独りよがりの製品開発

　既存製品の機能が十分に高く、基本的な顧客ニーズが既に満たされている場合には、新機能に対する顧客ニーズは必ずしも高くない。しかし、競争がある以上、既存製品の価格は低下してしまう。企業は、価格を維持しようと、顧客ニーズにかかわらず、新たな機能追加により価格下落を抑えようとする。こういった開発サイドの論理で行われる顧客ニーズを省みない製品開発は、開発リソースが無駄になるばかりか、全く新しい発想で作られた無駄を省いたシンプルかつ低価格な製品に、大きな参入余地を与え、一気に市場を喪失

してしまうといった事業リスクを高めかねない。

　また、社内の業務効率が軽視された開発も多い。顧客ニーズへの対応や他社差別化のための製品ラインアップの拡張や頻繁な製品改定は、生産、物流、カスタマーサポート、事務、業績管理等の川下の業務を複雑にし、全社業務効率を下げる。また、製品原価に対するチェックは開発プロセスで行われているが、物流、カスタマーサポート、事務、業績管理などの販管費への影響は、開発段階では特に意識されず、知らず知らずのうちに販管費が増大しがちである。

罠②／属人的な開発プロセス

　一連の製品開発業務の活動内容、マイルストーン（スケジュール・チェックポイント）、前後工程でのコミュニケーション（情報の受け渡し内容・手段）などの標準が整備されておらず、担当者、組織ごとにばらばらの進め方で開発を進めているケースがある。こうした標準化されていない一連の業務は、個別業務の遂行ペースや成果のばらつき、特定業務での手待ち・手戻り（ムダ）や過負荷（ムリ）を起こし、業務全体の成果品質を下げると共に、リードタイム、すなわち開発コストを増加させる。また、開発に関する知見やノウハウの標準化・蓄積に組織として取り組んできていない場合、業務遂行を個人の能力に大きく依存するため、個別業務の品質・効率のばらつきが更に大きくなる。

罠③／形式的な標準化

　製品開発プロセスの整備に向け、企画部門主導で開発スケジュール・マイルストーンを設定したり、設計・技術の標準化に取り組む企業も多い。しかし、それらの標準化は、非効率の要因ともなり得る。典型事例が、目標の意味合いも込めて定められた標準スケジュールに、手戻りや設計変更対応などのバッファーが十分に織り込まれず、実質的には相当厳しいスケジュールとなっている例だ。厳しめのスケジュール・マイルストーンの下では、スケジュールを守ることが目標となり、開発品質の低下や過剰要員の抱え込みなどの悪影響が出る。

また、設計・技術標準を整備したものの、定期的な見直しを行ってこなかったために、開発の自由度を奪ってしまっているような事例も多い。

罠④／事前検討・計画不足

　新製品開発プロジェクトでは、開発初期段階でのコンセプトや方向付け、開発計画などが曖昧なほど、下流工程での手直しや手戻りが増える。本来、開発初期段階から上級管理職が積極的に関与し、新製品の開発やマーケティングプランを創り上げることが望ましいが、徹底されていないことが多い。

罠⑤／部門間連携の不足

　製品開発に関わる各機能部門（R&D・技術、マーケティング、デザイン、生産）には、それぞれのミッションがある。マーケティング部門には顧客ニーズへの対応、生産部門にはコストの低減、技術部門には新たな技術の開発や採用、デザイン部門には新たな独自デザインの採用などのミッションがあり、機能の利害は対立する。この対立を上手く捌き調整する体制がないと、開発工数の増加や狙いやコンセプトが曖昧な没個性の製品ばかりが開発される、ということになりかねない。同時に、部門間連携不足は、プロジェクトの進捗に応じた開発人員の柔軟な振り分けを阻害し、あるプロジェクトでは進捗が滞る一方、あるプロジェクトでは開発要員が手待ちになる、といった非効率を引き起こす。
　また、冒頭で述べたように、開発推進体制には幾つかのオプションがあるが、それぞれのメリット・デメリットや自社組織の特性を踏まえないで、体制オプションを選択してしまい、うまく機能しないケースも多い。

罠⑥／各種ツール・データ未整備

　顧客ニーズやコミュニケーション手段の多様化が、製品・マーケティングでの選択肢を増やし、意思決定を複雑化させている。ましてや、意思決定の前提となる基礎データや施策のKPI（Key Performance Indicator）が未整備だと、

合理的・迅速な意思決定と成果の検証がスムーズに行えない。例えば、様々な打ち手の優先順位づけには、費用対効果の検証が不可欠だが、製品・ブランド損益の管理が不十分だと、前提となる費用が正確に把握できない。費用対効果に基づく定量的な議論・評価が行えないと、打ち手の有効性が高まらないだけでなく、開発プロセスにおいて、定性的な議論が繰り返されるという非効率にも陥る。

Section 3

業務改革のアプローチ

新製品開発およびマーケティング業務の効率化のアプローチは、**図表**

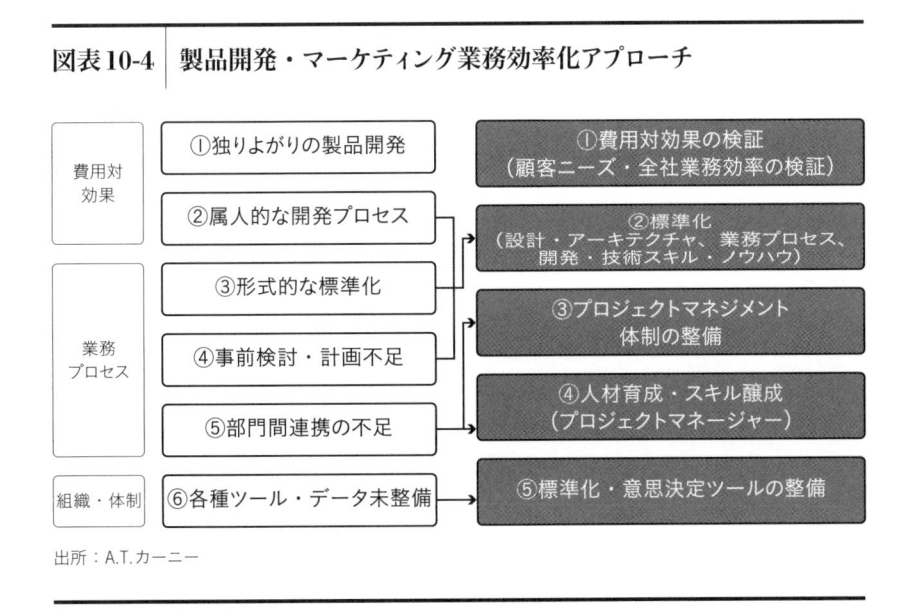

図表10-4　製品開発・マーケティング業務効率化アプローチ

区分	課題		対応
費用対効果	①独りよがりの製品開発	→	①費用対効果の検証（顧客ニーズ・全社業務効率の検証）
業務プロセス	②属人的な開発プロセス	→	②標準化（設計・アーキテクチャ、業務プロセス、開発・技術スキル・ノウハウ）
業務プロセス	③形式的な標準化	→	③プロジェクトマネジメント体制の整備
業務プロセス	④事前検討・計画不足	→	④人材育成・スキル醸成（プロジェクトマネージャー）
業務プロセス	⑤部門間連携の不足	→	
組織・体制	⑥各種ツール・データ未整備	→	⑤標準化・意思決定ツールの整備

出所：A.T.カーニー

10-4のとおりである。ここから、各アプローチについて述べていくことにする。

費用対効果の検証

　顧客の費用対効果を踏まえた製品の仕様・機能設計やプライシングの実現には、顧客ニーズの把握とニーズに対する自社製品の充足度の競合比較（この満足度は、絶対水準ではなく、競合対比で捉えることが重要）が大前提となる（**図表10-5、10-6**）。そのうえで、商品仕様・機能の絞り込み、テストマーケティング、仕様・機能・価格の決定というステップに進む。

図表10-5　提供価値スコアリング手法

競合との優位性を定量化して潜在市場を判断する

自社の競争優位性
（ニーズ充足度の差分）
ニーズウエイトに競合と自社のニーズ充足度の差分を乗じ、自社の競争優位性を算出

	ニーズ項目	ニーズウエイトポイント	競合と自社のニーズ充足度		自社の競争優位性
			競合	自社	
機能	性能（速度）	15	70%	80%	1.5
	操作性	6	80%	70%	-0.6
	耐久性	20	80%	80%	0
	サイズ	6	60%	50%	-0.6
	デザイン	3	60%	50%	-0.3
価格	価格	20	90%	100%	2.0
サービス	配送条件	5	60%	60%	0
	保証条件	10	70%	80%	1.0
	フォロー体制	10	60%	70%	1.0
	無料バージョンアップ	5	80%	60%	-1
	合計	100			

トータル3.0で大勝ち

出所：A.T.カーニー

図表10-6 行き過ぎたサービスレベルを抑制することで効率化

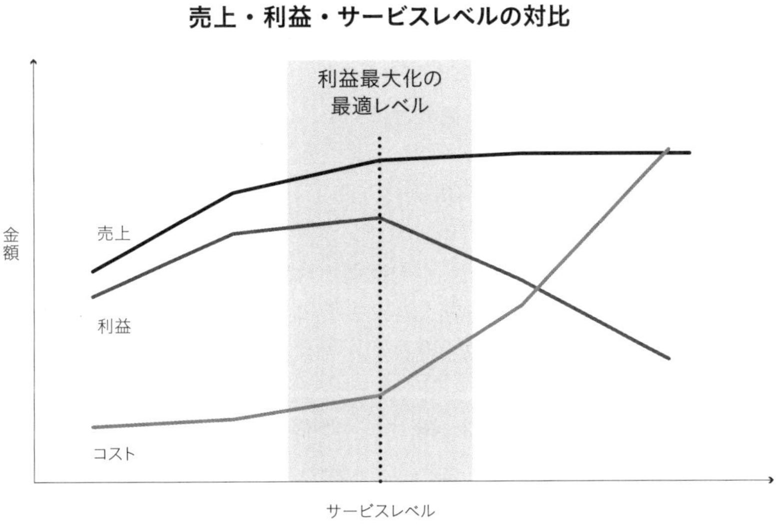
売上・利益・サービスレベルの対比
利益最大化の
最適レベル
金額
売上
利益
コスト
サービスレベル

●社内顧客である事業部門が求める以上の過剰なサービスの洗い出しが肝要
●外部顧客へのサービスについてもコストとサービス提供によるリターンの慎重な判断が必要

出所：A.T.カーニー

川下業務の効率化のためには、開発初期段階から関係部門とのコミュニケーションを図り、業務負荷軽減の観点からの仕様・機能の検討を徹底する。とりわけ、販売後の消耗品・継続利用からの売上が大きい製品・サービスでは、フォロー業務の効率性が事業収益に与える影響が大きいため、川下業務効率への配慮を忘れないようにしたい。

標準化（プロセスの効率化）

開発プロセスの標準化に向けては、プロセスがばらつきやすい、「設計・アーキテクチャ」「業務プロセス」「開発・技術スキル・ノウハウ」の3つの

領域で標準化を行うことが必要である。

　まず「設計・アーキテクチャ」の標準化である。部品の共通化や標準プラットフォームの確立など設計そのものの標準化・共通化を進め、技術の進歩に合わせて適宜見直していく。ただし、「設計・アーキテクチャ」がシンプル、あるいは、技術進歩の速度が非常に速い場合には、「設計・アーキテクチャ」の標準化に力を入れる必要性は低い

　「業務プロセス」の標準化については、それぞれの業務プロセスで行うべきタスクや、後工程への作業指示の方法（内容、タイミング）、作業順序・スケジュールの標準パターンを定め、プロジェクト遂行者・管理者の間で共通認識を作る。ただし、スケジュールの無理な背伸びは全体効率・品質の低下につながる。現場の作業実態を踏まえた実現可能なスケジュール、マイルストーンの設定となるよう、現場を巻き込んでスケジュールを策定することが重要である。

　また、開発プロセスの初期段階での、開発コンセプトの明確化と、関係者間での共有の徹底（フロントローディングの徹底）。その実現に向け、初期段階でのコミュニケーションやディスカッション、方向性の確認を行うマイルストーンを設定することが求められる。

　「開発・技術スキル・ノウハウ」の標準化も不可欠である。開発、技術面でのスキル・ノウハウを見える化し、形式知として組織間での共有を進める。時代遅れのスキル・ノウハウは製品設計の先進性を奪うため、技術進化を前提とした定期的な標準のメンテナンスを徹底する必要がある。

プロジェクトマネジメント体制の整備

　関係各部を取りまとめ、プロジェクトを推進していく体制の3つのオプションとそのメリット・デメリットは前述のとおりだが、実際の体制構築にあたっては、自社の事業や製品の特性に応じたオプションを採用することが大切だ。前述のとおり（**図表10-2**）、推進体制は、製品の技術的難易度、部門間の相互関係の強さとの関係から、機能軸型、プロジェクト型、マトリックス型の3つのオプションがある。この中では、機能軸型とプロジェクト型の良いところ取りを狙ったマトリックス型が選ばれることが多いが、運営も難

図表10-7 プロジェクトマネージャーのスタイル

		意思決定型PM（重量級）	調整型PM（軽量級）
プロジェクト体制		●プロジェクトの方向性提示 ●諸意思決定 ●スケジュール管理 ●部門間調整 ●プロジェクトマネージャーの意思決定のサポート機能として役務提供	●スケジュール管理 ●部門間調整 ●定められたプロセスに則った機能としての役務提供と意思決定
適応パターン	製品インパクト	1つひとつの製品・サービスの売上・収益インパクトが大きい	多種多様
	市場：製品特性	市場・顧客ニーズが複雑で製品コンセプトの重要性が高い市場・製品	市場・顧客ニーズは比較的シンプルだが、機能・品質への要求が高い製品・サービス
	必要リソース	多くの経験を積んだプロジェクトマネージャーの育成が必要	若手プロジェクトマネージャーでも対応可能。但し、開発プロセスの整備が不可欠
	企業風土	トップダウン	ボトムアップ

出所：A.T.カーニー

しい。マトリックス型の成否は、プロジェクトマネージャーに負うところが大きい。したがって、プロジェクトマネージャーに適切な役割・権限を与え、それに相応しい人材を当てる必要がある。

　プロジェクトマネージャーの役割・権限は軽量級と重量級の2パターンを参考に定めるとよい（**図表10-7**）。軽量級プロジェクトマネージャーは調整主体でのプロジェクトマネジメントを行う。プロジェクトマネージャーに求められる個人の資質・リーダーシップも軽く、与えられる権限も小さいため、相対的に低いポジションの人材が担う。プロセスの標準化を進め、組織として開発を進めていく形となる。一方、重量級はトップダウンで方針を決め、主体的に牽引していく。したがって与えられる権限も大きく、高いポジショ

ンの人材が担う。

　このいずれを採用するかは、開発する製品・サービスの特色と経営におけるインパクト（売上・収益規模など）に応じて、選択することとなる。1つひとつの製品・サービスの売上・収益インパクトが大きい場合は重量級に。逆に、非常に多くの製品・サービスを開発するケースには、軽量級の調整主体型のプロジェクトマネージャーとすることが多い。そのうえで、プロジェクトマネージャーの役割・権限を開発プロセスごとに定義し、R&D、技術、生産、営業などの部門との棲み分けを明確化し、組織間で共有するのだ。

　また、各機能部門の開発要員を、複数の開発プロジェクトに最適配置するための、機能・プロジェクト間の情報連携と調整の仕掛けも重要だ。定期的に機能部門・プロジェクト間で開発の進捗と開発要員の配置・稼働状況を共有することで、進捗が滞っているプロジェクトに開発要員を振り向け、全体の開発効率を上げることができる。

　また、企業の持続的成長に向けては、当面の業績維持のための製品開発と、次の成長のための製品開発のバランスが重要だが、その実現には、開発要員の戦略配分が不可欠だ。当面の業績維持に向けた製品開発に振り向けられがちな開発要員を中長期に成長が見込まれる領域にも充当していくことの大切さを常に念頭に置いておく必要がある。

人材育成・スキル醸成

　プロジェクトマネージャー人材に求められるスキルは多岐にわたるため、中長期視点でのプロジェクトマネージャーの計画的育成が不可欠である。プロジェクトマネージャーには、プロジェクトを統括していくプロジェクトマネジメントスキルから、製品そのものに対する固有の知見、そしてリーダーシップが求められる。とりわけ重量級プロジェクトマネージャーにはいずれの要素についても高いレベルの資質が求められる。自然体では適切な人材は育たないため、計画的なスキル・ノウハウの研修とプロジェクトマネジメント経験をバランスよく提供する育成プログラムを用意しなくてはいけない。

　ある消費財メーカーでは、プロジェクトマネージャーに要求されるマーケティング、生産などの製品固有知識、プロジェクトマネジメント運営、リー

ダーシップなどを定義したうえで研修プログラムを用意し、数カ月単位で提供している。同時にプロジェクトマネージャーのアシスタント業務を数年間積ませ、段階的に権限・役割を与えることでプロジェクトマネージャーを育成している。

また、プロジェクトマネージャー人材の育成に加え、中長期視点で、機能間の人材交流・育成を進め、自部門以外の業務に関する知見・ノウハウを持った人材を増やすことで、部門間の壁を取り払い、部門間連携が進みやすい土壌を造っていくことも大変重要だ。

標準化と意思決定ツールの整備

既に、開発プロセスの標準化が効率化の第一歩と述べたが、そのためには業務プロセスの標準化を支える諸ツールの整備が欠かせない。具体的には、プロジェクトマネジメントの基本となる、プロジェクト企画書（開発で目指す姿・提供価値と取組みの方針）、プロジェクト事業計画書、プロジェクトプラン・WBS（ワークブレイクダウンストラクチャ）などの各種フォーマット、そして、部門間のコミュニケーション時の報告書のフォーマット（記載内容、レベル感）である。また、開発推進体制・役割分担をより明確にするためのRACI（Response, Accountable, Committed, Informed）ダイアグラムも、標準化には不可欠なツールとなる。

そして、様々な意思決定を支援するツールの整備も重要だ。投資の継続判断や開発プロジェクト間での優先順位付けには、開発プロジェクトの将来収益見通しを定量化することが基本であり、伝統的なNPVやリスクを考慮したリアルオプション価値評価、あるいは、EVAといった指標の整備が必要となる（最後の優先順位付けには戦略との整合度合など定性評価も加える必要有り）。また、開発プロセスで不可欠な顧客ニーズの把握・分析、マーケティング施策の成果測定においても、ツール整備が不可欠だ。詳細はここでは割愛するが、セグメンテーション＆ターゲティングの絞込みのアプローチ・ツール、効果測定をマルチで行えるマーケティング（KPI）ダッシュボードなど、ツールと体制の導入の検討も必要となる。

Section 4
強化の視点

　これまで製品開発プロセスの整備により、開発に掛かる工数をいかに抑制するかについて述べてきたが、開発した製品の成功確率、すなわち、ヒット商品を生み出すための取組みが、開発業務の強化には不可欠だ。幾つかの視点があるが、代表的なものとしては、以下の3つが挙げられる。

①社内に分散しているアイデア・発想の活用
②社外のアイデア・発想・ネットワークの活用
　・オープン・イノベーションなど（R&Dの章〈第11章〉参照）
③市場ニーズ・動向の理解
　・マーケティングリサーチの徹底・高度化

　また、こういった取組みを更に進め、顧客自身に欲しい製品・サービスを企画してもらい、製品の企画段階を行わない、といった取組みも始まりつつある。
　本章で述べてきた、開発プロセスの定義やフロントローディング（前手での仕様定義）の徹底は、効率化の基本ではあるが、技術や顧客ニーズの変化が著しい場合など、必ずしも当てはまらないケースがある。変化の激しい市場で、製品開発の成功確率を上げるためには、どうしても開発プロセスが試行錯誤的・反復的になるため、市場によっては、プロセスの効率性を犠牲にせざるを得ない、ということに留意したい。

Section 5

業務効率化の事例

　ある消費財メーカーでは、開発プロダクトの本数は多めで数十本のプロジェクトを走らせる必要があった。そのため、プロダクトごとにプロジェクトマネージャーを設定しプロジェクト運営をコントロールする体制を敷いていた。しかし、一連のプロセスや役割分担は明確になっておらず、プロジェクトマネージャーのプロジェクト設計に委ねられていた。また開発初期のコンセプトの部門間共有や経営マネジメント層との合意が不十分なままプロジェクトを走らせ、その過程で、社内合意を作り上げていくスタイルを取っていた。

　その結果、部門間での開発コンセプトの共有不足や、ときには、プロジェクト中盤以降での大きな製品コンセプトの見直しによる作業の大幅な手戻りとスケジュール遅延が発生していた。更に様々な協力会社に対しても、追加作業依頼が発生しており、開発コスト面の無駄な発生という問題も生じていた。

　こういった状態ではあるが、何名かのベテランプロジェクトマネージャーがそれぞれの知見を活かしながら開発・マーケティング業務を回して来たのが実態であった。しかし、今後の業容拡大に向け、開発製品の増大が計画されており、開発プロセスの推進体制とプロセスの整備に取り組んだ。

　まず、これらの状況の改善に向け、プロジェクトマネジメントの手法を取り入れ、プロセスの定義と標準的なスケジュール、主要なコミュニケーションツールの整備を行った。更に、組織間の役割分担のあり方も定め、どのタイミングで誰が責任者となり、何を決めるか、そして、誰と協議をして情報連携をするのかを定め、プロジェクト参加者間の連携のあり方を整備した。そして、これまでプロジェクトの中盤以降で巻き込んでいたマネジメント層の巻き込みタイミングを早め、開発初期段階でコンセプトと大方針についての確認と承認を得るようにした。

結果、プロジェクトの手戻りが大幅に減少し、プロジェクトスケジュールの遵守率の大幅な改善と、手戻りにより発生していたコストを大幅に圧縮した。リードタイムとコスト圧縮の成果に加え、プロセスの標準化により、比較的経験の浅いマネージャーであっても、試行錯誤が減り、プロジェクト運営がより円滑に行えるようになった。

　また、プロジェクトマネージャーのスキル・経験の棚卸しを行い、不足しているスキル・経験を見える化したうえで、その獲得に向けた研修計画とジョブローテーションの計画を策定し、更なる体制強化への取組みを開始し、開発プロセスの更なる効率化に取り組んでいる。

注：複数の事例をもとにありがちな事例を作成

第11章

［オペレーション改革］
R&D業務改革

　R&DつまりResearch（研究）& Development（開発）業務とは、企業の製品・サービスの競争力の源泉となる付加価値につながるイノベーションを生み出す、

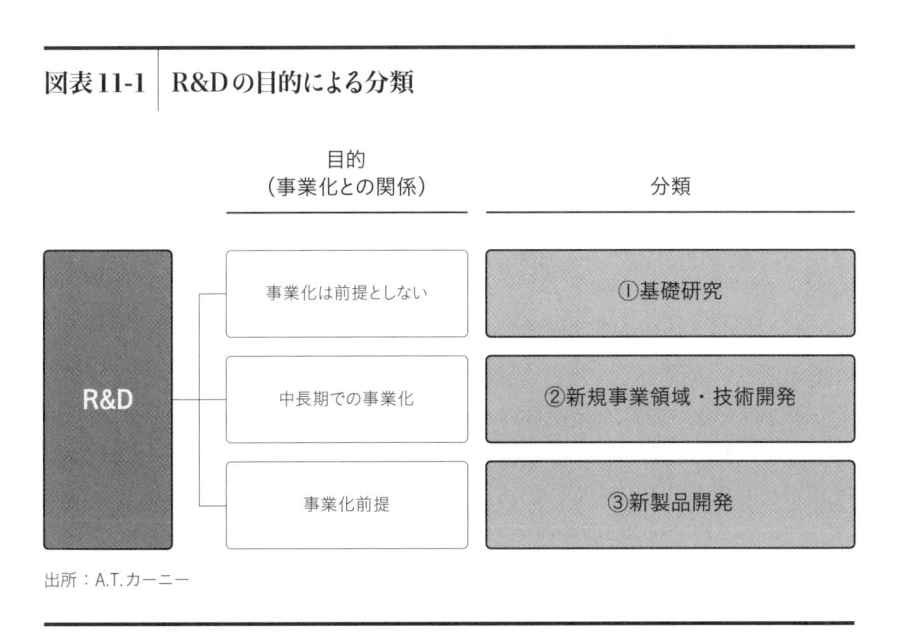

図表11-1　R&Dの目的による分類

R&D	目的（事業化との関係）	分類
	事業化は前提としない	①基礎研究
	中長期での事業化	②新規事業領域・技術開発
	事業化前提	③新製品開発

出所：A.T.カーニー

企業の持続的成長に不可欠な業務である。R&Dの対象は、新規の事業領域（市場・提供価値）、技術要素や製造技術など多岐にわたるが、研究開発のゴール・目的の視点から、「①当面の事業化を目的としない基礎研究」「②中長期での事業化・製品化を目指した新規事業領域・技術開発」「③製品上市を前提とした新製品開発」に分類される。本章では、②の「新規事業領域・技術開発」業務を取り上げる（**図表11-1**）。③については第10章の「製品開発とマーケティング業務改革」を参照してほしい。

また、R&Dのあり方・取り組み方は産業によって若干異なると想定される。本章で説明している内容が必ずしも読者企業に全てあてはまるとは限らないが、いくつかのポイントでは合致し考え方として役立つ部分も多いと考えており、ぜひ参考にしていただければと思う。

Section 1
R&D業務の構造

新規事業領域・技術開発を担うR&D業務は、大きく、シーズ・テーマ探索、市場調査、事業化企画、要素技術開発、を経て、事業化・商品化の判断を行い、その後、上記③の新製品開発に移るというプロセスとなる（**図表11-2**）。

この中長期の新規事業・技術開発は、現業からは独立した研究開発部門が推進することが多い。一方、上市を目指した新製品開発業務（③）は、現業のマーケティング部門や生産部門との横串を通したプロジェクト運営スタイルで進められることが多い。新規事業開発においては、既存組織の価値観や業務プロセスとの整合性よりも、新たな発想での取組みが求められるからである。もちろん、市場動向調査や要素技術開発などでのマーケティング部門、生産部門との連携は重要となるため、事業環境や組織風土を踏まえたR&D組織と他組織の連携の検討が不可欠である。また、事業化判断は経営判断と

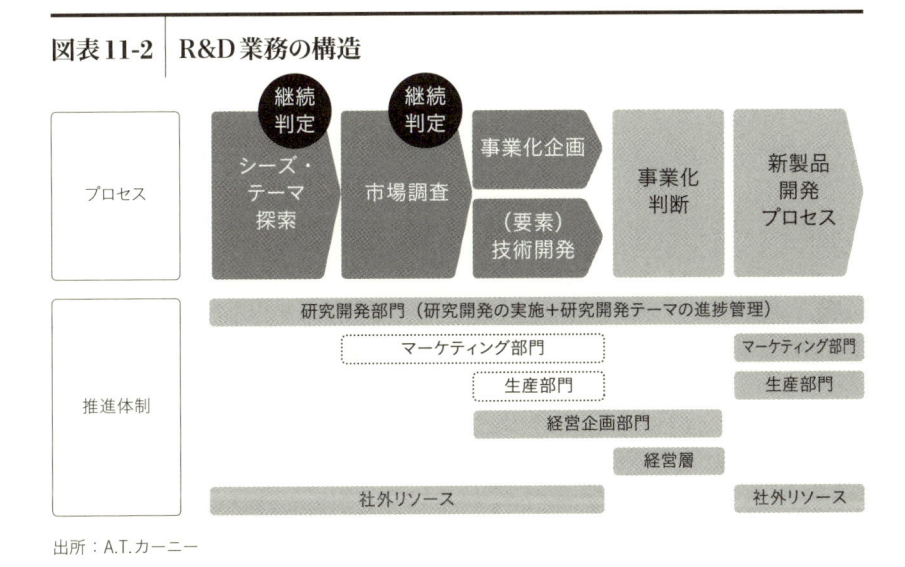

図表11-2　R&D業務の構造

プロセス：シーズ・テーマ探索（継続判定）→ 市場調査（継続判定）→ 事業化企画／（要素）技術開発 → 事業化判断 → 新製品開発プロセス

推進体制：
- 研究開発部門（研究開発の実施＋研究開発テーマの進捗管理）
- マーケティング部門
- 生産部門
- 経営企画部門
- 経営層
- 社外リソース
- マーケティング部門
- 生産部門
- 社外リソース

出所：A.T.カーニー

なるため、研究開発部門の独断ではなく、経営企画や経営層などのマネジメントの関与が確保される。最近では、社外リソースとの交流や活用を促すことでイノベーションの質を高める取組みも拡がっている。

Section 2
業務改革の必要性と陥りがちな罠

　日本企業発のイノベーションの低迷が叫ばれて久しい。日本企業のR&D投資は大きく劣後していないが、最近は、新たなプラットフォームや生態系を生み出したり、消費者行動や価値観を変えるようなイノベーションは、欧米企業発のものが目立つ。効率性・生産性向上に向けたR&D領域における

図表11-3 | R&D業務の罠

- ①適切な止める意思決定ができていない
- ②曖昧な事業構想・審査
- ③低付加価値業務
- ④研究開発部門の蛸壺化
- ⑤トップマネジメントの関与不足
- ⑥全体最適の視点欠如

出所：A.T.カーニー

業務改革の必要性が高まっている。

　しかし、R&D業務改革にはその特殊性からか幾つかの誤解もある。例えば、イノベーションは個人の創造性への依存度が高く、技術者の自由の制約につながる業務改革は適さない、といったものだ。しかし、R&D先進企業は自由と規律をバランスよく両立させる工夫をしている。イノベーション先進企業の3Mでは、明確なコア技術戦略と研究開発方針を示し、その範囲の中での個人の研究者の自由な発想を認め、業績数値による研究開発者評価を徹底し、規律を効かせるといった工夫をしている。また、R&Dプロセスの標準化や整備の賜物であるトヨタのリーン開発プロセスは多くの企業に採用され、更なる改良や新たな取組みが多くの企業によって行われている。

　ここで陥りやすいR&D業務の罠についていくつか見てみよう。現実には様々な罠が存在する。これらは改革の阻害要因としてまずチェックすべきポイントであろう（**図表11-3**）。

罠①／適切な止める意思決定ができない

　事業化の見通しが立たないテーマにR&Dリソースを投入し続けることが最大の非効率である。可能性の低いプロジェクトの見極めのために、R&Dのステップごとに次ステップへの移行を審査するステージゲート方式などが導入されている。しかし、事業化の成功事例の中には、いわゆる「大化け」した例があったり、全力でプロジェクトに打ち込んでいる現場のモチベーションを考え、プロジェクトを途中で止められないケースが多い。結果、ゲートを通過できなかった見込みの低い案件が滞留し、開発リソースを圧迫するのだ。また、止め方が悪いケースもある。例えば、プロジェクト中止の議論の過程で、プロジェクトを継続したいR&D部門と事業性の低さから中止を訴える事業部の対立が激化して、社内に大きな壁ができてしまう、あるいは、止めたことによりR&D部門の士気が大きく下がってしまい、将来のR&D活動に禍根を残すこともあるため、止め方にも注意が必要だ。

罠②／曖昧な事業構想・審査

　技術イノベーション志向の強い会社では、初期のシーズ探索段階では、技術部門が立てた事業構想についての議論・検証が深く行われず、技術要素の審査に力点を置いてしまっている場合がある。この場合、技術開発に一定の目処が立った段階で経営企画部門や事業部も加わり、本格的な事業企画の立案・検証が始まるが、当初の構想の検証の不十分さがここで判明するケースがある。この場合、事業化企画が成り立たない以上、プロジェクトは収束に向かうべきだが、技術開発にも一定の目処が立ってきていると、事業として成立させる道も探れないか、と、プロジェクト撤退の意思決定が鈍る。このように、初期の事業構想段階での甘すぎる見通しが原因となり、後々の大きな手戻りやR&Dリソースの無駄につながっているケースが多い。

罠③／低付加価値業務

　研究員の業務遂行状況や稼働時間などの活動実態の管理が不十分で、研究員の正味の研究活動時間がわからない、というケースも多い。実態調査を行ってみると、研究員が管理・報告業務や、計画策定、会議などの間接業務に時間をとられ、正味研究活動に従事できていない、あるいは、様々な情報収集など付加価値を生んでいるのかどうかが疑わしい時間が非常に多く付加価値時間が限られているケースも多い。

罠④／研究開発部門の蛸壺化

　研究開発部門と社内関係部署の連携が進まないこともR&Dの非効率を引き起こす。新事業や商品の失敗の原因は、その技術的な理由よりも、むしろマーケティングや事業部門との連携不足にあることが多い。市場や潜在顧客の反応や要望を反映しない新たな技術や事業、既存事業のケイパビリティや強みを活かさない全くの新規事業の成功確率はどうしても低くなる。また、生産を無視した技術開発も後々の商品開発の場面で大きな手戻りや非効率につながる。また、罠①で述べたようなプロジェクト中止の過程で大きな溝ができて蛸壺化が進むケースもあるため留意が必要だ。

罠⑤／トップマネジメントの関与不足

　R&Dへの取組みと意思がトップマネジメントチームの間で共有されていない企業では、R&D部門の取組みへの理解が進まず、十分なリソースが投下されない、必要なタイミングでの事業部からの支援が得られないなど、研究開発活動が円滑に進まないケースも多い。

罠⑥／全体最適の視点欠如

　ステージゲートなどを設けて個別プロジェクトの進捗管理には着手してい

ても、経営としてのR&D戦略が描けておらず、プロジェクト間の優先順位が曖昧なままプロジェクト数が増大し、R&Dリソースの分散と無駄な管理稼働の発生につながっていることも多い。経営にとっての優先順位とR&D部門にとっての優先順位の考え方がずれていて、経営的に重要度の高いプロジェクトにR&D部門のリソースが最適に配分されない、というケースもある。また、各研究員のR&Dプロジェクトへの投入時間が管理されておらず、リソースの配分状況そのものが見えていない、という事態に陥ってしまっている企業もある。

Section 3

R&D業務効率化のアプローチ

　R&D業務の非効率の原因を見てきたが、大きくは「個別プロジェクト管理のプロセス・費用対効果判定の問題（罠①②③）」「プロジェクト推進体制の問題（罠④⑤）」「ポートフォリオ全体での費用対効果判断の問題（罠⑥）」に分類される。それぞれへの対応策について見ていくことにしよう（**図表11-4**）。

事業構想の早期確認

　まず、初期段階から事業構想の意識を高める必要がある。ニーズ・シーズ探索段階から、事業化時のターゲット候補とする市場とその規模感を検証し、一定以上のターゲット市場の規模が見込める事業構想を研究対象としていくことだ。ここでのポイントは、事業構想としてターゲットとする市場（ニーズ）の大きさを検証し大まかな売上規模を想定し、決して、精緻な売上目標を求めようとしないことだ。またこの過程で、新規事業の具体イメージができるので、事業としての成功確率も上がる。また、初期段階の市場想定であっても、研究者だけに任せるのではなく、事業や経営企画などの視点でもチ

図表11-4　業務効率改善のアプローチ

- ①事業構想の早期確認
- ②やめる意思決定の高度化
- ③R&D活動の見える化・標準化
- ④R&D推進体制の整備
- ⑤ポートフォリオ管理の徹底

出所：A.T.カーニー

ェックする必要がある。

止める意思決定の高度化

　前述のとおり、ステージゲートを採用している企業は多いが、止める意思決定には課題が多い。意思決定に向けた取組みのポイントの1つ目は、止める判断基準の整備・共有である。ゲート通過の基準に加え、案件を止める基準を明確にし、現場と共有する。止める基準の例としては、「一定期間後に次のゲートを通過できない場合は中止（滞留期間縛り）」「一定期間内にゲート不通過時に設定したKPI（Key Performance Indicator）が達成できない場合は中止」、最も厳しい場合は「ゲートを通過できないものは中止」といったものがある。

　2つ目は、止め方の工夫である。現場の士気の低下やこれまでの投資を考え、「案件中止イコール即時、すべてを捨てる」としないことだ。外部を活用した研究継続、研究成果の別研究への転用、研究成果やノウハウの蓄積な

どに取り組み、止めることへの抵抗感や士気低下のリスクを下げておくことが、止める意思決定をより容易にすることにもなる。

R&D活動の見える化・標準化

　研究開発者の活動実態の管理のため、日々のアクティビティの内容を目的と時間別に報告・管理する仕組みを整備するべきだ。研究者が複数プロジェクトに参画する場合には、アクティビティ管理の重要性は非常に高い。また、定期的に研究活動の進捗状況、課題を管理職に報告させる仕組みを整備すると共に、報告フォーマットを標準化し、個人による報告内容のばらつき、抜け漏れを最小限にし、効率的なコミュニケーション・管理を行えるようにすることも重要である。

R&D推進体制の整備

　まず、整備すべきは、新規事業への経営のアテンションとコミットメントを高めるためのトップマネジメント層の巻き込みである。ある会社では各役員が、50億円〜100億円規模の新規事業のアイデアを毎年最低2つは提案することを義務としている。また、新規事業開発を事業の主要ミッションとして位置づけ、事業戦略と同時にイノベーション戦略までも考えさせる会社もある。

　次に、案件の審査体制の整備である。案件審査は、R&Dや技術部門に閉じず、広く全社から関係部門を加えた形で行う。ポイントは、利害が真正面から対立しやすいR&D部門と事業部門の間を取り持つ中立的な経営企画部などを事務局的に加えることだ。また、意思決定に必要な情報を明確化し、現場から上げさせる仕組みを作ることも重要である。正しい進捗情報がなければ、意思決定は難しい。

　R&D活動そのものでの社内外の協業体制の整備も不可欠である。とかく蛸壺化しやすいR&D業務において、他部署や社外のノウハウ、知見を積極活用させるための場の設定、協業意識や行動様式を促進するための人材トレーニングも有効と言える。また、イノベーション領域での外部人材の登用に

より、内部人材の発想だけに頼らない柔軟性を持つことも必要である。

ポートフォリオ管理の徹底

　個別テーマの進捗管理の整備に加え、複数のR&Dプロジェクトの管理にポートフォリオ管理の発想を活用し、複数プロジェクト間のリソース配分を最適化し、投資対効果の最大化を目指す。

　リソース配分の最適化に向けては、まず、中長期の市場ニーズや技術動向を踏まえた事業領域の選定と、その実現に向けたR&D戦略を描き、R&Dプロジェクトの領域の戦略上の優先順位づけを行うことが重要である。そのうえで、各プロジェクトの、事業収支見通し、研究開発に必要となるヒト・カネのリソース（＝必要コスト）を見積もり、費用対効果の視点から優先順位づけを行う。収支見通しの算定には、伝統的なNPVや複数シナリオを踏まえたリアルオプション価値評価などの手法を用いるのが一般的である。ここで各プロジェクトがはじいた定量評価を唯一絶対の評価基準としてはいけない。各プロジェクトの算定ロジックを関係各部も含めた議論で検証し、また、会社戦略との整合性などの定性面からの評価とも合わせて、総合的に優先順位づけを整理する。これらの作業を行うことで、R&Dプロジェクト間のリソース配分のアンバランスや、R&Dプロジェクトと既存事業への投資のバランスの検証など、全体最適の視点からの意思決定が可能となる。

Section 4
R&Dの生産性改善・機能強化に向けた取組み

　まずは、オープンイノベーションを検討する必要がある。従来の社内の研究開発リソースだけに頼った研究開発ではなく、社外へネットワークを展開し、社外ネットワークを活用してイノベーションを進めようという考え方で

ある。この社外ネットワークとは、大学などの研究機関、公共部門や非営利団体から、直接の競合とならない他企業とのコネクションであり、非常に多岐にわたる。これらの社外プレイヤーとのネットワークを戦略的に作り、イノベーションのアイデアや技術情報の交換や協同研究を進めるという、グローバルのイノベーション先進企業が積極的に進めているR&Dの手法である。

社外ネットワークの活用、というと、イノベーションのアウトソース、と捉えられることもあるが、本質は違う。社内の研究開発部隊と社外ネットワークとして確保している人材とを結び付けて、新たな顧客ニーズに合致したアイデアや技術を創造することが狙いである。

オープンイノベーションの先駆的取組み企業の1つであるP&Gでは、オープンイノベーションへの取組みを開始してから5年ほどで、社外で開発された要素を含む新製品の比率は飛躍的に上昇し、R&D効率は大幅に改善したと言われている。

オープンイノベーションを進めるにあたってのポイントを簡単に説明しよう。1つ目は社外リソース活用の戦略を明確にすることである。社外リソースは非常に膨大である。したがって、各組織が独自に、興味のある領域で社外の技術や専門家を活用していては非効率となる。そこで、自社のR&D戦略にとって有効性の高い領域や活用の目的を戦略的に定め、対象を絞ったうえで、ネットワーク作りを行うことが大切だ

2つ目は社外との連携のための社内人材のスキルや仕組みを整備することである。社外の人材との協業となると、社内のR&D部門の人材にも、より起業家的な発想や行動力が求められるようになる。それまでの社内に閉じた研究開発ではなく、共にビジネスを創り上げていく感覚とアクションのスピード感が要請される。R&D部門の人材に、起業家的なマインドや行動様式を意識させるためのスキル研修や、社外とのコミュニケーションのための情報システムインフラや意思決定の仕組みなどを整備する必要がある。

さらに、社外活用に向けたトップのリーダーシップも重要である。社外からイノベーションのアイデアを取り入れることに対する抵抗感が出ることが多く、オープンイノベーションには、社内の意識改革が不可欠である。トップが社外ネットワークとのコミュニケーションと活用を積極的に推進することで、社内の社外活用に対する意識を変えていく必要がある。

Section 5

R&D業務効率化の事例

　ある大手企業の研究開発部門は独立運営を進める中、ブラックボックス化が進んでいた。投入リソースに対し、目に見える成果が出てこないことも社内から批判の的となっていた。一方で、将来の技術動向の変化を見据えれば、取り組むべきテーマは数多くあり、研究リソースの最適配分が不可欠な状況に陥っていた。

　そのような環境の中、投入リソースの見える化にまず取り組んだ。結果、部外からは中断されていたと考えられていたテーマにリソースが張られ続けていた、あるいは、上級役員肝いりのテーマに想像以上のリソースが投入されていた、といった、明らかなリソースの無駄が洗い出された。更に、研究活動以外の間接業務への投入時間の多さも明らかになった。これらの無駄の圧縮により、30%以上のリソースを捻出した。

　このようなリソースの無駄遣いの原因の1つが、研究員の自立性を重んじた結果の研究活動の管理不足、とりわけ、活動実態と投入リソースのブラックボックス化であった。そしてもう1つが、研究開発を進めない意思決定はしたが、完全に止めるという意思決定を明確に下せない、意思決定に特定の上級役員の意向が強く働く、など、研究開発テーマの進捗の確認と止める意思決定のルールがないことであった。そこでリソースの再配分と併せて、これらの研究開発プロセスの整備も行われた。

注：多くの事例をもとにありがちな事例を作成

付　録

業務運営・組織機能の自己診断チェックシート

「業務運営・組織機能の自己診断チェックシート」とは

　本書においては、経営環境が大きく変化する時代における業務改革のあり方について、「MOC」のフレームワークに沿って紹介してきた。
　「大きな変化」がじわじわと進行する時代の業務改革は、目先の「改善」だけでは不十分である可能性が高い。心がけるべきは、自社が手掛けるべき業務改革とは、「Model：ビジネスモデル変革」「Operation：オペレーション改革」「Capacity：キャパシティー最適化」のどこまでを範囲とすべきものであるか、折に触れて検証し続けるというマインドセットである。
　個々の企業の意思によらず、経営環境はどんどん変化していくが、組織は意思を持って見直していかないと変わらない（むしろ放っておくと自然に硬直化・形骸化が進むものだ）。そして、両者のギャップが大きくなるにつれ、様々な「歪み」が組織のあちこちで観察されることになる。目指すべきは、組織が本格的な病に陥る前に、症状として現れる「歪み」を察知し、健康体へと戻すための取組みに着手すること、さらにはより強靭な体に鍛え上げるための取組に着手していくことであることは言うまでもない。
　では、察知すべき組織の「歪み」とは何か。本書の最後に、A.T.カーニーが様々な企業のコンサルティング活動において観察してきた象徴的な症状

を、「業務運営・組織機能の自己診断チェックシート」としてまとめておこう。

「業務運営・組織機能の自己診断チェックシート」の構成

縦軸／部位

察知すべき組織の「歪み」は、その発症部位において典型的なパターンがある。ここでは、「①戦略の立案」「②戦略の実行」「③インフラ」という切り口から、象徴的な11の部位を紹介しておく。

横軸／症状～洗練度のステージ（Stage of Excellence）

それぞれの部位がどういう状況にあるかを、3つのステージに分けて解説している。

- 「ステージ1」：要注意のステージ。察知すべき「歪み」とはまさにこれらを指す
- 「ステージ2」：標準的なステージ
- 「ステージ3」：優位性のあるステージ

「業務運営・組織機能の自己診断チェックシート」の使い方

組織健康診断の象徴ともいえる11項目について、自社を評価していただきたい。簡易診断ではあるが、どの項目が遅れており、どの項目が優位であるのか一定の判断・評価が可能だろう。要注意の項目が多い場合には、業務改革のアクションを起こすことを推奨する。どこから手をつけていくべきかについては、問題の因果メカニズムを特定する一歩踏み込んだ診断が必要ではあるが、少なくとも自分の所掌範囲や特に気になる組織機能をスタートに、本書で紹介した業務改革の「MOCフレームワーク」に照らし、どのような改革が必要・有効かを考え始めることは、貴社にとって有意義な活動となろう。

業務運営・組織機能の洗練度①

Stage I

① 戦略の立案

ポートフォリオ（リソース配分）

部門主導・短期視点
- 各部門が、個別・短期視点でリソース補充を主張。各部門の（部分最適な）主張を抑えきれない
- 結果、重複業務や調整稼働が発生

部門主導が業務肥大化を招くメカニズム
- 伝統的な主力部門が、優秀人材を多数抱え込み、放さない
- 事業成熟化に伴い、業務効率は向上するはずだが、暇のできた優秀人材が次々と業務創造（特に内向き業務）

計画・予算策定

積上げ偏重＋前年ベースで一律削減
- 計画・予算は、各部門が積上げ
- 全部門総和は予算オーバーだが、査定部門が業務実態に精通していないため、前年度ベースの一律削減
- 一律削減案を踏まえ、各部門が再度積み上げるため、策定稼働は膨らむ

出所：A.T.カーニー

Stage 2

全社企画主導のトップダウン

- 各部門が直面する市場環境を踏まえ、全社企画の意思でリソース配分
- しかし、現場との距離感からきめ細やかさに欠き、無理・無駄が散見される

Stage 3

ボトムアップ要素も加えつつ先見的対応

- 中長期視点から「健全な危機意識」を社内に醸成し、部門最適を牽制しつつ、必要な全社改革を推進

トップダウンの指針を踏まえた積上げ

- 全社視点から導出した予算枠をトップダウンで各部門に設定
- 各部門はこの予算枠を遵守し、その範囲内で何をどう実施するか、優先順位をつけながら計画策定

加えて環境に応じた大胆なメリハリ付け

- さらに、戦略分野へのリソース配置など非連続な変更を要するケースでは、トップダウンで当該予算を確保
- トップの現場理解度が高く、予算枠設定の精度は高い

業務運営・組織機能の洗練度②

> **Stage I**

② 戦略の実行

業務効率化

ボトムアップ任せ
- 業務効率化の意識はあっても、各部門に検討を要請するため、個別視点の小さい改善案しか出てこない
- そもそも効率化意識が希薄。もしくは「総論賛成・各論反対」

共通業務の取扱い

独自・分散
- 各部門が独自に必要な業務を実施
- 共通業務が各部門に分散的に存在／集約と未集約が混在

内製／外部委託の判断

自前主義・個別判断
- 自前に拘り、外部に任せたほうが効率的な業務も社員が担うため、社内業務が膨張
- 内製／外部委託は、各部門の個別判断でなされ、外部リソース活用の巧拙において、部門ごとに差異が発生

出所：A.T.カーニー

Stage 2

トップダウンだが「一律」主義

- 旗振り部門が各部門の業務実態を把握できていないために「一律削減」
- 結果、実は「メタボ」部門の効率化が甘かったり、既にスリムな部門に過剰な無理を強いてしまう

集約

- 各部門の共通業務は全社で集約化
- 集約による専門性向上・効率化を実現

市場価格に照らして判断

- 委託可能な外部サプライヤーが存在する業務については、全社集約的に、外部委託の可能性を積極検討

Stage 3

トップダウンによるゼロベース検討

- 自然減対応、戦略分野への再配置などを進めるべく、各部門にメリハリをつけた人的リソース量（＝業務効率化目標）を設定
- 各部門は、指定の人的リソース数で回るよう、業務を優先順位付け

市場水準を意識した効率化

- 市場水準に照らし、当該業務の（受け手にとっての）付加価値、提供コストを認識、ギャップ改善に努める
- 先鋭化できるものは、外部顧客の取込みを狙い、プロフィットセンター化

市場価格＋目標推計に照らして判断

- 必ずしも直接の外部サプライヤーが存在しない業務でも、市場水準を参考に理論値としての業務遂行コストを算定し、これを目標に業務効率化を推進

業務運営・組織機能の洗練度③

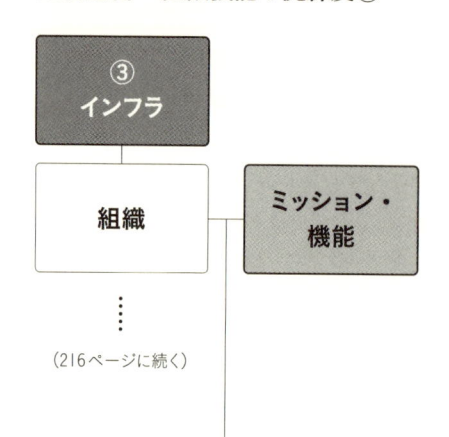

```
③
インフラ
  │
  ├─ 組織 ─┬─ ミッション・機能
  │        │
  │        ├─ 「本社スタッフ」の位置付け
  │        │
  │        └─ 企画機能
  ⋮
(216ページに続く)
```

Stage I

個別最適
- 機能部門が自らの考えるミッション・機能を設定
- バリューチェーン最適化に向けた各機能での整合性が低い

「権力」「管理」「上位」
- 「現場に権力を振るう組織」「現場を管理する組織」「現場より上位の組織」と捉えられている
- スタッフ組織に効率意識が低い(効率化は現場で起こすもの)

企画機能の分散・乱立
- 全社企画機能に加え、各部門も独立的かつ相当規模の企画機能を有す
- 各企画機能が、それぞれの視点で企画を策定し、業務を『創造』するとともに、全体最適の確保は難しくなり調整コストが増大

出所:A.T.カーニー

Stage 2	Stage 3
—	**全体最適** ● 全体整合性を確保しつつ各部門の権限・責任が有機的に連動。全体戦略・事業モデルの実現手段として業務権限規定が機能
「コストセンター」 ● 直接の収入を生み出さないコストセンターとして自戒。業務効率化の必要性を認識し、実行している	**「社内顧客を支援するエキスパート」** ● 現場組織の業務を支援するためのエキスパート集団 ● 業務の受け手にとっての付加価値、および当該業務の提供コストの両面を常に意識し、業務効率・効果の向上に努めている
集権的な企画機能 ● 全社の企画機能と部門の企画機能に明示的な役割分担・上下/前後関係があり、大方針から具体方針への一貫性が確保された企画策定がなされる	（同左）

業務運営・組織機能の洗練度④

③ インフラ — 企業文化

Stage I

個々のマインドセット

ノーリスク追求（リスク回避・保守的）
- リスクを嫌い、これを極限まで回避
- リスクを伴う活動は、リスクがゼロになるまでやりこもうとしたり、そもそも少しでもリスクがあることが判明すると活動自体に踏み込まない

互いのコミュニケーション

内向き志向、体裁重視の社内資料
- 見栄えのよい資料、コンセプトやフレームワークがある資料（＝往々にして実態がない）に興味を引かれがち
- 優秀な人材が、事業検討よりも、資料作成に精を出し、体裁や互いの批判レベルが上がり、内向き稼働膨張
- 日々のコミュニケーション対象は、部門内〜社内であり、意識が内向き

全体としてのビヘイビア

自社視点での100％追求
- 業務の完成度基準として、自社視点での100％を目指す
- 供給者論理での業務基準ゆえ、ともすると受け手にとって評価されないムダな業務を生み出す

儀式的な会議
- 会議名称は異なるが、参加者が同様の類似会議が多数
- 参加者が多く、「議論して決める場」というより「お披露目の場」。したがって、担当者は根回しに奔走。また、会議と根回しで「本音と建前」が乖離

出所：A.T.カーニー

Stage 2	Stage 3
—	**適切なリスクテイク** ● リスク回避でもなく、リスク無視（猪突猛進）でもなく、期待リターンと自らの許容できるリスクを考慮のうえ、適切なリスクテイクができる
—	**外向き志向、実質重視の社内資料** ●「厚化粧」「凝った」説明資料は、むしろ「時間の使い方がおかしい」「恥ずかしい」と見られる ● 必要なことが網羅されているのであれば、むしろ少ない・簡潔な資料ほど褒められる ● 日々のコミュニケーションの対象は、社外にも拡がっている
顧客視点での100％追求 ● 業務の完成度基準として、顧客視点での100％を目指す ● ともすると、投入リソース対効果を無視した業務遂行で、必要以上の業務膨張を招く可能性	**顧客・自社視点の最適化** ● 業務の完成度基準として、顧客および自社双方の視点を加味し、達成すべき価値と投入リソース対効果を踏まえ、どこまでやりこむか柔軟に判断
「合議」の罠 ●「儀式」を脱却 ● しかし、対立する各部門の主張が裁けない。合議に拘り決定に時間がかかったり、総花的／最大公約数的な裁きで決定事項がぼやける	**関係者が自論を闘わせ、最後は明快にトップ判断** ● 会議の場で各部門の代表者が主張を闘わせるが、最後にはトップが明快に決定 ● 一旦決定されたことについては、全社が真摯に実行

業務運営・組織機能の洗練度⑤

Stage 1

- ●ボトムアップ
- ●部門個別視点

- 「個別最適」を抑え込む「調整コスト」や、調整結果としての「手戻り」が発生
- 機能分散による「分割損」、業務の「重複」が発生

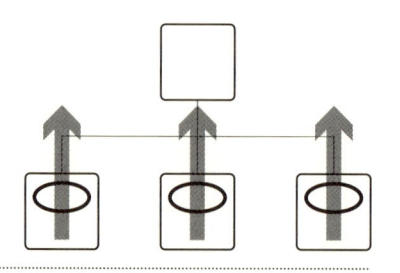

Stage 2

- ●トップダウン
- ●クロス・ファンクショナル（＝全社視点）

- 社内ベストプラクティス共有、業務集約はある程度進む
- 但し、トップ・コーポレートのボトルネック化・判断の劣化、および現場の思考停止・弱体化により非効率性は残る

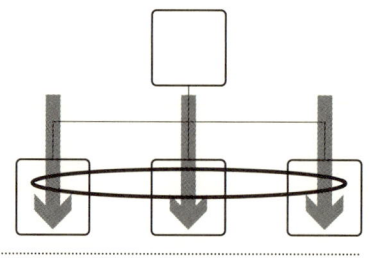

Stage 3

- ●トップダウンとボトムアップのバランス（＝「経営の意思」と「社員の創発」）
- ●社外まで拡がる視野

- 社内外のベストプラクティスに学び、外部委託の活用で、効率はさらに向上
- 経営方針と整合的に部門業務が定義され、「調整コスト」「手戻り」は極小化
- 部門からのフィードバックにより、経営判断も精度向上

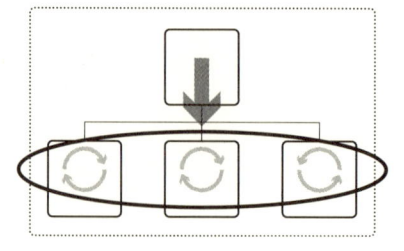

大 ← 全社整合的に効果・効率を極大化するための業務量 → 小

出所：A.T.カーニー

結び

　経営環境が大きく変化していく中での業務改革は、ビジネスモデル（M）、オペレーション（O）、キャパシティー（C）のMOCの視点が不可欠であることがおわかりいただけただろうか。環境が変化して顧客のニーズや求められる提供価値が変化している中では、従来のようなオペレーションの改革だけでは不十分である場合が多い。読者においても、自社のビジネスモデル自体の有効性を今一度確認してみることをお勧めしたい。企業が競争力を維持し続けるためには、定期的な業務の見直しは欠かせない。MOCの観点からぜひ見直しをしていただきたいと思う。

　特に、確認が必要なのは、顧客に対する提供価値である。ビジネスモデルの構造を決める3つのドライバーとして、「提供価値を発揮するための構造」「提供価値を拡大するための構造」「提供価値に集中するための構造」を説明したが、いずれも中心となる概念は提供価値であり、まずは自社が顧客に提供している価値が十分か否かを徹底的に検証することが必要である。提供価値が有効性を失っているのであれば、顧客の要請に沿った提供価値を再定義しビジネスモデル改革に踏み込むことが必要となる。

　ここで、提供価値について再確認すると、提供価値が競争力を持つためには、「提供する価格の価値（低価格）」と「価格以外のサービス・機能の価値」とを合計した「価値」が他社を上回る必要があり、多くの場合、「低価格」に対する要求が大きいことを忘れてはならない。したがって、競争力のある提供価値を実現するためには、低価格でも利益を創出でき、また、プライシングの自由度を持てる、コスト効率化が重要な意味を持つ場合が多く、オペレーション改革やキャパシティー最適化においても効率化の視点がいずれにせよ重要となってくるのである。

　他方、従来のビジネスモデルの枠組みの中でも、オペレーション改革を通

して既存のビジネスモデルの競争力を再強化できる場合も少なくない。求められる提供価値を把握・理解し、既存のビジネスモデルでの提供価値と対比することで、ビジネスモデル改革まで踏み込むべきか、オペレーション改革で済むものかの判断が可能となるのである。経営環境の変化が激しい今日、今まで以上に顧客が求める提供価値を日々確認して、現状のビジネスモデルの枠組みでも競争力を発揮できるのか否かを常にチェックする姿勢が必要であることを認識いただきたい。

　さらに、現在のように各社ともに余剰人員を抱えている状況においては、キャパシティーの最適化は重要なポイントである。特に余剰人員の出口戦略の検討は多くの企業にとって喫緊の課題ではないだろうか。たとえオペレーション改革によって、人員の効率化を図れたとしても、効率化によって明らかとなった余剰人員への対応方法が定まらなければ、改革は停滞してしまうだろう。本書で述べたように、内製化の推進、アウトソースの検討、新規事業への移動、雇用調整など、様々な打ち手をからめて中期的な観点から出口戦略を検討することが求められる。業務改革は、戦略とリンクしたビジネスモデル改革の視点が重要であり、モデルによって規定されるオペレーションの改革を実行することが求められるが、それだけでなく、最終的な出口戦略を明確化することが不可避であると言える。

　本書で説明する業務改革の視点とアプローチは、経営者から現場のマネージャーや担当者まで業務に携わる全ての人にとって参考になると考える。本書を通して、MOCの観点での業務改革を多くの方々にご理解いただき、日本企業の競争力強化に少しでも貢献できれば大変幸いである。

◉参考文献

『インサイドインテル』ティム・ジャクソン（翔泳社）
『技術力で勝る日本が、なぜ事業で負けるのか』妹尾堅一郎（ダイヤモンド社）
『インテル戦略転換』アンドリュー・S・グローブ（七賢出版）

◉執筆協力

野田　武　（のだ　たけし）

A.T.カーニー　パートナー。東京大学工学部卒、同大学院工学系修士課程修了、ペンシルバニア大学ウォートン経営大学院修了（MBA with Distinction）。大手エンジニアリング・建設会社を経てA.T.カーニー入社。

糸田　哲　（いとだ　さとし）

A.T.カーニー　プリンシパル。東京工業大学工学部卒。同大学院理工学研究科経営工学専攻修了。㈱神戸製鋼所を経てA.T.カーニー入社。

小崎　友嗣　（こざき　ともつぐ）

A.T.カーニー　プリンシパル。東京大学工学部計数工学科卒、カーネギーメロン大学経営大学院卒（MBA with University Honors）。日本生命保険相互会社を経てA.T.カーニー入社。

國分　俊史　（こくぶん　としふみ）

A.T.カーニー　プリンシパル。早稲田大学大学院公共経営研究科修了。富士総合研究所（現みずほ情報総研）、トーマツ コンサルティング（現 デロイト トーマツ コンサルティング）を経てA.T.カーニー入社。

今岡　朋史　（いまおか　ともふみ）

元A.T.カーニー　プリンシパル。東京大学経済学部卒。INSEAD（欧州経営大学院）International Executive Program修了。日本銀行を経てA.T.カーニー入社。

森野　智博　（もりの　ともひろ）

A.T.カーニー　プリンシパル。東京大学教養学部基礎科学科卒。三井住友銀行、マッキンゼー＆カンパニー、アリックスパートナーズを経てA.T.カーニー入社。

中村　宏　（なかむら　ひろし）

A.T.カーニー　マネージャー。東京大学経済学部卒。富士銀行（現　みずほフィナンシャルグループ）を経てA.T.カーニー入社。

佐藤　有　（さとう　ゆう）

A.T.カーニー　マネージャー。横浜国立大学工学部卒。株式会社図研を経てA.T.カーニー入社。

鵜塚　直人　（うづか　なおと）

A.T.カーニー　マネージャー。上智大学理工学部卒、マンチェスタービジネススクール卒（MBA with Merit）。本田技術研究所を経てA.T.カーニー入社。

監修者紹介

A.T. カーニー
1926年に米国シカゴで創業されたグローバル戦略経営コンサルティング会社．あらゆる主要産業分野のグローバル最大手から各国大手企業を中心顧客とし，多様な経営課題に対して戦略策定から実行支援まで一貫したコンサルティングサービスを提供している．現在では世界35ヵ国に拠点を有している．

編著者紹介

栗谷　仁（くりや　ひとし）
A.T. カーニー　パートナー．早稲田大学法学部卒，ハーバード大学経営大学院修了（MBA）．大手電気メーカー・医療機器メーカーを経て，A.T. カーニー入社．戦略オペレーショングループのリーダーとして，営業力強化，マーケティング戦略，事業戦略，グループ経営改革，組織変革，コスト削減，業務改革，サプライチェーン改革など，幅広い領域において企業の収益拡大・成長力強化を支援している．著書に『最強の営業戦略』『コストマネジメント思考法』，編著書に『最強のコスト削減』（いずれも東洋経済新報社）がある．

最強の業務改革

2012年6月21日　第1刷発行
2016年5月20日　第3刷発行

監修者　A.T. カーニー
発行者　山縣裕一郎

発行所　〒103-8345　東京都中央区日本橋本石町1-2-1　東洋経済新報社
　　　　電話　東洋経済コールセンター03(5605)7021

印刷・製本　丸井工文社

本書のコピー，スキャン，デジタル化等の無断複製は，著作権法上での例外である私的利用を除き禁じられています．本書を代行業者等の第三者に依頼してコピー，スキャンやデジタル化することは，たとえ個人や家庭内での利用であっても一切認められておりません．
Ⓒ 2012〈検印省略〉落丁・乱丁本はお取替えいたします．
Printed in Japan　ISBN 978-4-492-53316-1　http://toyokeizai.net/

A.T.カーニーの好評既刊

最強のコスト削減

いかなる経営環境でも利益を創出する経営体質への変革

短期間で収益改善に大きなインパクトをもたらす、

間接材コストの削減手法と経営論

4ヵ月～半年で、12～14%のコスト削減が可能

世界数百社で実証された戦略コンサルティング
A.T.カーニーの実践的アプローチを公開!

A.T.カーニー 監修　栗谷 仁 編著　定価(本体2400円+税)

最強の営業戦略

企業成長をドライブするマーケティング理論と実践の仕掛け

戦略と実行をリンクさせ、営業力を最大化させる

6つのステップとフレームワーク

法人営業(B to B)中心に、チャネル営業(B to B to C)にも対応!

幾多のプロジェクトで有効と実証された戦略コンサルティング
A.T.カーニーの実践的アプローチを公開!

栗谷 仁 著　定価(本体2400円+税)